Excel para principiantes

Aprenda a utilizar Excel 2016, incluyendo una introducción a fórmulas, funciones, gráficos, cuadros, macros, modelado, informes, estadísticas, Excel Power Query y más

Tabla de contenido

Introducción

Microsoft Excel es un programa extremadamente útil y flexible que también es algo "básico" cuando se trata de presentarle todas las opciones disponibles. Cuando comienza por primera vez, es importante recordar que usar Excel es una habilidad, y como con cualquier habilidad, puede mejorarse con el tiempo. Así que no se desanime; se volverá más fácil cuanto más lo use.

Si sabe cómo usarlo correctamente, Excel puede proporcionarle todas las herramientas necesarias para organizar una amplia variedad de tipos de información en una interfaz basada en cuadrícula. Excel ha existido durante casi treinta años, y muchas de las características que se ofrecen en la primera edición del software siguen siendo útiles hoy.

Uno de los usos principales de Excel proviene del sector financiero, ya que Excel les permite a los usuarios crear sus propias fórmulas y usarlas para calcular cualquier cosa, desde un informe anual tan complejo como el de una corporación hasta un simple pronóstico de ventas. También descubrirá que Excel se utiliza para una variedad de tareas organizativas y de seguimiento, incluida la facturación, las listas de contactos, los informes de estado y más. El programa también es útil cuando se trata de trabajar con grandes conjuntos de datos, como durante el análisis estadístico para sus funciones de gráficos y tablas.

Excel almacena datos en libros de trabajo y cada libro puede contener tantas hojas de cálculo como sea necesario. Las hojas de cálculo son hojas individuales y totalmente personalizables con las que usted interactuará directamente. Las hojas de cálculo se dividen en filas horizontales y columnas verticales, y cada fila y columna se dividen en celdas individuales. Interactuar con las celdas es la forma principal de interacción cuando se trata de hojas de cálculo y las celdas pueden almacenar texto y números.

Si contiene números, cada celda también puede vincularse a otras celdas mediante el uso de fórmulas matemáticas. Se puede establecer que las celdas utilicen fórmulas y luego que muestren los resultados del cálculo. A cada celda también se le puede dar un color único, un borde, una fuente y otras cosas. Al usar Excel, usted puede crear fórmulas o hacer uso de una amplia variedad de fórmulas ya pre-programadas. Las fórmulas pre-programadas ofrecen una amplia variedad de opciones que incluyen el cálculo de los pagos de intereses, la determinación de la desviación estándar y las ecuaciones matemáticas y financieras más comunes.

Es probable que usted ya esté familiarizado con la función de tabla que se encuentra en Microsoft Word, los cuadros disponibles en Excel ofrecen una gama mucho más amplia de opciones de visualización, desde un simple gráfico circular a complicados gráficos dinámicos multipunto. Cuando se trata de un formato complicado y la clasificación de una gran cantidad de datos, Excel tiende a ser su mejor opción, especialmente si es necesario que los datos graficados deban cambiar sobre la marcha.

Otro detalle importante que Excel hace extremadamente bien es ayudar a identificar tendencias al hacer que las variables específicas sean mucho más fáciles de ver en forma de gráfico. La amplia variedad de variables a su alcance hace que la comprensión de ideas complejas sea mucho más fácil y menos costosa. Esto se debe en parte a la forma en que puede utilizar Excel para reunir puntos de datos dispares a través del uso de libros de trabajo y hojas de cálculo interconectadas. Lo que se reduce a que, si usted está en un campo basado en información y todavía no está utilizando Excel o un análogo regularmente, es muy probable que esté realizando más trabajo del que necesita hacer para lograr los resultados que desea.

Capítulo 1: Conceptos básicos

Ingreso y edición de datos

Si desea introducir texto o números

- Elija la celda que desea llenar con sus datos y designe su elección haciendo clic en ella.

- Ingrese la información que desea ingresar en la celda y finalice presionando la tecla TAB o la tecla ENTRAR. Si, en cambio, desea moverse a una nueva línea en la celda ya existente, presione la tecla ENTRAR en conjunto con la tecla ALT.

Si desea introducir datos en varias celdas a la vez

- Comience seleccionando la celda o celdas en las que desea incluir los datos.

- Si desea seleccionar solo una celda, simplemente haga clic en ella, pero si desea seleccionar varias celdas, en su lugar, haga clic en la primera de la serie y luego mantenga presionado el botón del ratón y arrastre el ratón hasta la celda final en la serie.

12	1	7/9/2018	$5,000.00	$425.75	$100.00
13	2	8/9/2018	$4,490.92	$425.75	$100.00
14	3	9/9/2018	$3,980.14	$425.75	$100.00
15	4	10/9/2018	$3,467.65	$425.75	$100.00
16	5	11/9/2018	$2,953.46	$425.75	$100.00
17	6	12/9/2018	$2,437.56	$425.75	$100.00
18	7	1/9/2019	$1,919.94	$425.75	$100.00
19	8	2/9/2019	$1,400.59	$425.75	$100.00
20	9	3/9/2019	$879.50	$425.75	$100.00

- Si desea seleccionar varias celdas a la vez, puede simplemente hacer clic en la primera celda que desea seleccionar mientras mantiene presionada la tecla MAYÚS hasta que haga clic en la celda final que desea seleccionar, mientras mantenga presionada la tecla MAYÚS, puede desplazarse para asegurarse de seleccionar la celda correcta.

- Si desea seleccionar todas las celdas de la hoja actual, simplemente presione el botón entre la lista de nombres de celdas horizontales y verticales o presione la tecla CTRL junto con la tecla E.

- Si desea seleccionar un grupo de celdas que no están cerca entre ellas, simplemente seleccione la primera celda y luego mantenga presionada la tecla CTRL y haga clic sobre las otras celdas. Esto también se puede lograr manteniendo presionada la tecla MAYÚS junto con la tecla F8; esto le permitirá seleccionar celdas sin tener que mantener presionada ninguna tecla.

- Si desea seleccionar una columna o fila completa, simplemente haga clic en el encabezado de esa columna o fila.

- Una vez que haya seleccionado las celdas que desea que contengan la fecha duplicada, escriba la información en la celda y luego presione la tecla CTRL y la tecla ENTRAR en conjunto con la otra.

Si desea mover datos de una celda a otra

• Comience seleccionando la celda o el grupo de celdas cuyos datos desea copiar.

• Encuentre el grupo del portapapeles, ubicado en la pestaña de inicio. Aquí encontrará las opciones de cortar y copiar. Al presionar la tecla CTRL junto con la tecla X, se cortará y copiará el texto seleccionado al mismo tiempo.

• Copiar y cortar también se pueden hacer por separado desde el teclado. Comience presionando la tecla CTRL junto con la tecla C para copiar y la tecla X para cortar.

• Ahora seleccione la nueva página de inicio para el pegado de datos y haga clic en el área del portapapeles o presione la tecla CTRL y la tecla V.

• Al pegar nuevos datos en una celda se sobrescriben los datos que ya están en esa celda. Si desea evitarlo, haga clic en la flecha situada debajo de la opción de pegar, haga clic en pegado especial y seleccione la opción correspondiente.

• Al seleccionar una celda y luego hacer clic con el botón derecho en ella también proporcionará estas opciones.

• Esto funcionará para celdas, filas y columnas de la misma manera.

• Desde la opción de pegado en el grupo del portapapeles, también puede copiar fórmulas, formatos o valores de una celda a otra seleccionando la opción apropiada.

Si desea llenar una celda con una hora o una fecha

• Comience por elegir la celda que desea llenar con datos.

• Si desea incluir una fecha específica, ingrese el número de esta manera 1/1/91 o 1 de enero de 1991.

- Cuando ingrese una hora que corresponda a la tarde o la noche, es importante escribirla a las 8:00 pm, ya que Excel mostrará la hora como a.m. por defecto.

- Si desea ingresar la hora y fecha actuales, simplemente presione la tecla CTRL, la tecla MAYÚS y la tecla de punto y coma en conjunto.

- Si desea configurar una celda para que siempre muestre la hora y fecha actuales, puede escribir AHORA u HOY respectivamente.

- Para asegurarse de que la hora o la fecha indicadas usen el formato predeterminado asignado a su computadora en el menú de opciones Regionales e Idiomas, simplemente presione la tecla CTRL, la tecla MAYÚS y la tecla @ en conjunto.

Si desea establecer un conjunto de celdas para modificar todos los números de una manera fija

- Encuentre el botón de Microsoft Office en la esquina superior izquierda y haga clic en él.

- Elija la opción avanzada, luego en opciones de edición tildar insertar automáticamente un punto decimal.

- Ahora encuentre el cuadro llamado Ubicaciones e ingrese un número positivo para hacer un decimal o un número negativo para aumentar el número resultante.

- Por ejemplo, si ingresa 2 en el cuadro antes de escribir 182 en una celda, se obtendrá el número 1.82.

Si desea introducir una secuencia de números

- Comience colocando el primer número en una celda.

- Coloque el segundo número del patrón en la siguiente celda de la columna.

- Seleccione las dos primeras celdas, luego haga clic en la esquina inferior derecha de las columnas seleccionadas, también conocida como el controlador de relleno, y arrastre para abarcar las celdas que desea llenar.

- Suelte el botón izquierdo del ratón.

Si desea introducir fórmulas y funciones

- Elija una celda donde desea ingresar los datos y selecciónela antes de ir a la barra de funciones que es la barra sobre los nombres de las filas.

- En la barra de funciones, comience a ingresar su fórmula comenzando con el signo =.

- A continuación, complete las celdas que desea incluir en la fórmula, por ejemplo, A1 + A2. Ahora verá que Excel ha calculado el valor de A1 + A2 en la celda que seleccionó.

Si desea introducir SUMA y otras funciones de forma rápida

- Al presionar la tecla CTRL en conjunto con la tecla MAYÚS y la tecla ", copiará el valor de la celda anterior en la barra de fórmulas.

15	4	10/9/2018	$3,422.75	$425.75	$100.00
16	=IF([@[PMT NO]]<>"",ScheduledPayment,"")=IF([@[PMT				$100.00
17	NO]]<>"",ScheduledPayment,"")=IF([@[PMT NO]]<>"",				$100.00
18	ScheduledPayment,"")=IF([@[PMT NO]]<>"",				$100.00
19	ScheduledPayment,"")=IF([@[PMT NO]]<>"",				$100.00
20	ScheduledPayment,"")=IF([@[PMT NO]]<>"",				$100.00
21	ScheduledPayment "")=IF([@[PMT NO]]<>""				$0.00

- Presionando la tecla CTRL junto con la tecla ', le mostrará las fórmulas activas en todas las celdas.

- Al presionar la tecla Mayús junto con la tecla F3, se mostrará el cuadro de insertar función y varias opciones de función.

- Al presionar la tecla Mayús junto con la tecla F9, se calculará todo en la hoja de cálculo actual.

- Escribiendo = SUMA(y luego una lista de celdas cerradas con paréntesis, sumará todas las celdas listadas.

- Si incluye otro número después de la lista de celdas, encontrará la suma de las celdas antes de agregar el número adicional.

Si desea cambiar entre referencias de celda absolutas y relativas

- Comience por elegir la celda que tiene la fórmula que le interesa cambiar entre relativo y absoluto.

- Las referencias relativas son las predeterminadas, lo que significa que los resultados de las celdas cambiarán a medida que se mueven en la hoja de cálculo.

- Para cambiar esto, seleccione la fórmula que se muestra en la barra de fórmulas y presione F4 para cambiar entre los dos tipos.

La manipulación de las celdas

Si desea ajustar varias configuraciones

- Si desea cambiar la forma en que la tecla ENTRAR afecta su trabajo, puede configurarlo para moverse a la siguiente celda en una variedad de direcciones.

- Esto se puede encontrar seleccionando Opciones de Excel, Avanzado, Editar, Ingresar, Mover selección.

- Si desea cambiar el ancho de una columna, comience seleccionando la columna que desea cambiar antes de buscar la opción de formato debajo de las celdas en la pestaña de inicio.

- La opción de tamaño le permitirá configurar el ancho de la columna para que sea auto-determinado por la información contenida dentro o establecerlo a un ancho específico.

Si desea mostrar más información en una celda a la vez

- Esto se conoce como ajuste de texto. Para comenzar, elija la celda que contiene el texto que desea ajustar.

- Desde allí, encuentre la opción de alineación que se puede encontrar en la pestaña de inicio.

- Si el texto es una secuencia larga, debe ampliar la columna o reducir el tamaño del texto para asegurarse de que pueda leerlo todo.

- Si el texto se ajusta, pero aún no puede leerlo todo, debe formatear el tamaño de celda de la fila encontrando la opción Fila de ajuste automático en las opciones Formato y tamaño de celda en la pestaña de inicio.

Si desea crear una lista desplegable

- Comience por elegir la hoja de cálculo a la que desea agregar la lista.

- Agregue la información que desea que aparezca como una lista en las celdas conectadas, ya sea como una fila o en una columna.

- Si desea ordenar los datos alfabéticamente o numéricamente, seleccione todos los datos antes de encontrar la pestaña de datos en la parte superior de la pantalla y elegir la opción de ordenar y filtrar.

- Una vez que haya ordenado sus datos, el siguiente paso es seleccionar todas las celdas que desea incluir en la lista desplegable antes de hacer clic derecho y seleccionar la opción de definir nombre.

- A partir de ahí, simplemente se trata de asignar un nombre a la lista y hacer clic en Aceptar. Es importante que el nombre sea una palabra sin espacios.

- Elija una nueva celda en una hoja de cálculo que desee vincular a los datos desplegables antes de elegir el botón de validación de datos.

- En la configuración, seleccione la lista de permitidos, luego en la casilla "fuente", escriba el signo igual seguido del nombre de su lista antes de marcar la casilla "en el menú desplegable de celdas" y haga clic en Aceptar.

Si desea insertar columnas y celdas.

- Comience por seleccionar la celda en la que desea agregar celdas adicionales: si desea agregar siete celdas más, primero deberá seleccionar siete celdas.

- Encuentre el grupo de celdas en la pestaña de inicio, elija insertar y luego inserte celdas. Esto también se puede lograr seleccionando un grupo de celdas, haciendo clic derecho y seleccionando insertar celdas.

- Determinar los detalles según lo solicitado.

- Si desea repetir la misma duplicación varias veces, presione la tecla CTRL y la tecla Y en conjunto.

- Si desea modificar las opciones de formato que se copian en la nueva celda, elija las opciones de insertar en la pestaña insertar.

- Para agregar filas o columnas adicionales, seleccione una fila o columna completa, luego busque la pestaña insertar y elija insertar una fila o insertar una columna.

Si desea eliminar filas, celdas o columnas

- Comience seleccionando la fila, celda o columna que necesita eliminar.

- Busque el grupo de celdas en la pestaña de inicio y seleccione la opción de eliminar.

- Al hacer clic con el botón derecho en la parte seleccionada del texto también se le proporcionará una opción de eliminar.

- Determine cómo desea realinear las celdas restantes.

- Si desea eliminar una gran cantidad de contenido, seleccione el contenido y presione la tecla CTRL junto con la tecla Y.

- Si desea devolver una parte del contenido cortado a la hoja de cálculo, presione la tecla CTRL junto con la tecla Z. Esto solo funcionará si no ha agregado ninguna información nueva desde que eliminó lo que desea guardar.

Manipulación de hojas de cálculo

Si desea cambiar el nombre de una hoja de cálculo

- Encuentre la barra en la parte inferior de su hoja de cálculo actual que muestra las pestañas de cada hoja de cálculo abierta.

- Haga clic con el botón derecho en la hoja de la que desea cambiar el nombre y luego seleccione renombrar.

- Si desea que los nombres de las hojas estén visibles cuando se imprima la hoja de cálculo, vaya a la pestaña insertar y seleccione la opción Encabezado / Pie de página.

- Busque la opción de nombre de hoja e inserte el nombre de la hoja.

Si desea mover una hoja de cálculo

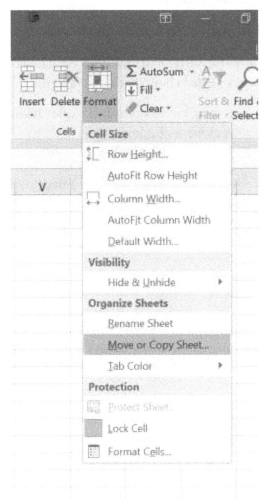

- Para mover una sola hoja de cálculo, comience seleccionando la hoja en la pestaña de la hoja, los botones de flecha le permitirán moverse entre las hojas disponibles.

- Si desea mover varias hojas, seleccione la primera, presione la tecla MAYÚS y manténgala presionada, luego seleccione la otra hoja que desea mover.

- Si desea seleccionar hojas que no están cerca unas de otras, simplemente presione la tecla CTRL cuando seleccione las hojas.

- Si desea mover todas las hojas de cálculo en un libro, haga clic con el botón derecho en la barra de hojas y seleccione la opción Seleccionar todas las hojas.

- Una vez que haya seleccionado las hojas que quiere mover, busque el grupo de celdas en la pestaña de inicio.

- Elija la opción de formato seguida de organizar hojas, luego mueva la hoja.

- Ahora verá una lista de opciones con respecto a dónde se debe mover la hoja; seleccionando una hoja colocará la hoja movida después de la hoja seleccionada.

- La opción de mover al final colocará la hoja movida al final del libro de trabajo seleccionado; los libros deben abrirse para poder aceptar nuevas páginas.

- Si solo está interesado en mover una hoja del libro actual, simplemente haga clic en ella en la barra de hojas y arrástrela a su nueva ubicación.

Si desea copiar una hoja de cálculo

- Una vez que haya seleccionado las hojas que le interesa mover, busque el grupo de celdas en la pestaña de inicio.

- Elija la opción de formato seguida de organizar hojas y luego copie la hoja.

- Ahora verá una lista de opciones con respecto a dónde debe copiarse la hoja; seleccionando una hoja colocará la hoja copiada después de la hoja seleccionada.

- Al hacer clic con el botón derecho en la hoja en la pestaña de la hoja también se presentarán estas opciones.

- Para copiar hojas entre libros, es importante asegurarse de que ambos libros estén abiertos antes de continuar.

- Para simplemente copiar datos entre hojas de cálculo, seleccione los datos que desea copiar, presione la tecla CTRL junto con la tecla C y luego seleccione la hoja de cálculo en la que desea colocar los datos y presione la tecla CTRL junto con la tecla V.

Si desea insertar una nueva hoja de cálculo

- Seleccione la hoja de cálculo que desea continuar con la nueva hoja de cálculo y encuentre el botón + en la fila de la pestaña de la hoja.

- Si, en cambio, desea insertar la nueva hoja de cálculo frente a la hoja de cálculo existente, busque el grupo de celdas en la pestaña de inicio.

- Elija insertar, luego inserte una nueva hoja.

- Esto también se puede lograr haciendo clic derecho en una pestaña y luego seleccionando la opción de insertar desde la pestaña general.

- Para agregar varias hojas de cálculo a la vez, mantenga presionada la tecla MAYÚS mientras selecciona las pestañas de la fila de pestañas de la hoja.

- Una vez que haya seleccionado cuántas pestañas desea crear, haga clic con el botón derecho y seleccione Insertar, luego inserte una hoja de cálculo.

- Se creará un número de hojas nuevas igual al número de hojas que seleccionó.

Si desea eliminar una hoja de cálculo

- Seleccione la hoja de cálculo o la hoja de cálculo en cuestión usando la pestaña de hoja.

- Encuentre el grupo de celdas en la pestaña de inicio antes de encontrar la opción de eliminar y haga clic en la flecha para revelar más opciones.

- Elija la opción de eliminar hoja.

- Encontrar la hoja que desea eliminar en la pestaña de la fila de la hoja y hacer clic con el botón derecho en ella también mostrará una opción para eliminar.

Si desea editar simultáneamente varias hojas de cálculo

- Si selecciona varias hojas de cálculo al mismo tiempo, utilizando la pestaña de la hoja de cálculo, se le presentan varias opciones, entre las que se incluyen cambiar los colores de las pestañas a la vez y ver sus fórmulas y funciones.

Si desea introducir datos a través de varias hojas de cálculo

- Comience haciendo clic en la pestaña de la primera hoja de cálculo en la que desea ingresar datos; la pestaña debe ser visible cerca de la parte superior de la pantalla.

- Haga clic en la primera pestaña, luego arrastre para seleccionar las pestañas a las que desea agregar datos.

- Seleccione el grupo de celdas a las que desea agregar datos antes de seleccionar la primera y agregar los datos requeridos.

- En este punto, al presionar la tecla TAB o la tecla ENTRAR se copiarán los datos en la siguiente celda seleccionada.

- Repita hasta que haya logrado los resultados deseados.

Formato

Si desea agregar formato a celdas numéricas

• Haga clic en las celdas a las que desea agregar formato de número para que se seleccionen.

• Presione la tecla CTRL junto con la tecla 1 para que aparezca el cuadro formato de celdas.

• Este cuadro enumera una variedad de formas en que se pueden dar formato a los números. Estos incluyen: fracciones, porcentajes, unidades de tiempo, fecha, una amplia variedad de monedas y más.

• Muchas de estas categorías también tienen opciones de formato adicionales: si necesita hacer uso de ellas, asegúrese de ver todas las opciones disponibles.

• También se puede acceder a estas opciones desde las celdas agrupadas en la pestaña de inicio eligiendo el formato y luego formatee las celdas hasta el final.

Si desea borrar el formato de las celdas

• Haga clic en las celdas a las que desea eliminar el formato para que se seleccionen.

• Busque el grupo de edición en la pestaña de inicio y elija la opción de eliminar.

• Seleccionando la flecha de opciones adicionales le permitirá eliminar el formato, así como varias otras opciones.

Si desea agregar bordes, sombreado o color de texto a las celdas

• Haga clic en las celdas a las que desea agregar formato para que se seleccionen.

- Presione la tecla CTRL junto con la tecla 1 para que aparezca el cuadro de celdas de formato.

- Este cuadro muestra una variedad de formas en las que se puede cambiar el formato, incluida la alineación, el borde, la fuente y el color de fondo de las celdas.

- Muchas de estas categorías también tienen opciones de formato adicionales: si necesita hacer uso de ellas, asegúrese de ver todas las opciones disponibles.

- También se puede acceder a estas opciones desde las celdas que se agrupan en la pestaña de inicio seleccionando el formato, y luego formato de celdas completamente en la parte inferior.

Si desea utilizar la vista previa de salto de página para ajustar los saltos de página

- Para ver los saltos de página como están asignados actualmente, comience abriendo el diálogo de opciones de impresión eligiendo imprimir desde el menú de archivo o presionando la tecla CTRL en conjunto con la tecla P.

- Ahora debería ver todos los saltos de página en su hoja de cálculo.

- Esto también se puede lograr haciendo clic en la pestaña de vista y seleccionando la vista previa del salto de página.

- Para hacer un nuevo salto en la página, seleccione la fila o columna donde desea que siga el salto y luego seleccione el icono de saltos y elija insertar salto de página.

- Puede mover los saltos de página simplemente arrastrándolos, elija la pestaña del archivo, luego opciones, luego opciones de edición y luego avanzadas.

- Asegúrese de que la casilla arrastrar / soltar celda esté marcada antes de hacer clic en Aceptar.

- Ahora, cuando esté en la página de vista previa del salto de página, debería poder modificar los saltos de página con solo hacer clic y arrastrarlos.

Impresión

Si desea obtener una vista previa de su hoja de cálculo antes de la impresión

- Comience seleccionando las hojas de cálculo que desea ver antes de imprimir.

- Elija archivo, luego imprimir y aparecerá una vista previa de sus hojas de cálculo.

- Al presionar la tecla CTRL junto con F2 también aparecerá una vista previa de impresión.

- Aquí podrá ver sus márgenes y también realizar cambios en sus páginas, incluidos márgenes alternos además de encabezados y pies de página.

- Las opciones de hoja también le dan la opción de repetir filas o columnas, agregar líneas de cuadrícula, mostrar encabezados de fila / columna, mostrar comentarios, mostrar errores de celda y manipular el orden de las páginas.

Si desea cambiar el tamaño de lo que está imprimiendo

- Si desea aumentar o reducir el tamaño de la impresión, o asegurarse de que se ajuste a una sola página, comience por ir a la pestaña de diseño de página en la hoja de cálculo que desea modificar.

- Desde allí, busque las opciones de configurar página y haga clic en el botón junto a la configuración de la página.

- Busque la pestaña de la página, luego la opción de escalado.

- Si desea modificar la cantidad de páginas de una hoja de cálculo, consulte los cuadros de "ajuste a" en la pestaña de escala; el primer cuadro es el ancho, el segundo es la altura.

- Establecer cualquiera de los cuadros en 1 asegurará que toda la hoja de cálculo encaje en una hoja ancha o alta.

- Si desea ajustar su hoja de cálculo en un número determinado de páginas, simplemente ingrese ese número en las casillas de "ajustar a"; sin embargo, los saltos de página que haya agregado manualmente no se incluirán si se ha elegido "ajustar a".

Si desea imprimir un área específica

- Encuentre las opciones de configuración de la página y haga clic en el botón junto a la configuración de la página en la hoja de cálculo de la que desea imprimir una parte.

- Encuentre la pestaña de diseño de página, luego elija área de impresión seguida por el área de impresión establecida; tenga cuidado al configurar esta opción, ya que permanecerá en la hoja de cálculo hasta que la cambie.

- Establezca el área que desea imprimir: si selecciona grupos de celdas que no están cerca unas de otras, cada grupo se imprimirá en su propia página.

Nombre de Cuadro

Excel también le brinda la posibilidad de nombrar celdas y grupos de celdas para garantizar que pueda hacer referencia a ellas fácilmente en un momento determinado. Los nombres definidos también se pueden agregar a valores y fórmulas específicas para garantizar que el usuario siempre pueda decir a qué partes específicas de un libro de trabajo determinado pertenecen. Un rango de celdas tampoco tiene que estar conectado para ser parte del mismo nombre. Una vez que se ha definido, incluso se puede usar un nombre con celdas adicionales como un tipo de taquigrafía. Los nombres también pueden superponerse en celdas específicas. Si este es el caso, entonces se mostrarán ambos nombres si se selecciona la celda.

Inicialmente, es posible que no vea el beneficio de nombrar rangos de celdas; sin embargo, después de comenzar a usarlos con regularidad usted podrá ver su utilidad. Las razones para probar nombres definidos incluyen cosas como la forma en que los nombres de los rangos son mucho más fáciles de recordar, ya que proporcionan un contexto a los datos que hacen que sea más fácil regresar después de ausencias prolongadas. Además, los rangos con nombres se guardan automáticamente para una navegación extremadamente fácil. Para ver los elementos con nombre actualmente, puede usar la pestaña Editar, seguida de la opción Ir a, antes de seleccionar el cuadro de nombre. También puede usar la función de búsqueda como un medio para encontrar cualquier rango que tenga un nombre en el cuaderno actual.

Además, los rangos con nombres se pueden cambiar fácilmente, y el cambio se actualiza automáticamente en todas las referencias del nombre en cuestión, ya sea en escenarios de formato condicional, convocatorias de validación e incluso en varias tablas dinámicas o gráficos, esencialmente casi en cualquier lugar donde acceder a la referencia se volvería complicado y requeriría mucho tiempo. En general, los rangos con nombres siempre serán más fáciles de eliminar de varias referencias a diferencia de los que no tienen nombre. Los rangos con nombres también suelen guardarse de tal manera que pueden editarse, reemplazarse o eliminarse sin tener que arreglar manualmente cada referencia al rango si algo cambia.

Reglas de nombre

Cuando se trata de nombrar celdas individuales, las reglas para hacerlo son bastante precisas. Para empezar, el primer carácter del nombre debe ser un guion bajo, una letra o una barra invertida. Las letras / caracteres C, c, R y r no se pueden usar porque se usan principalmente como abreviatura para filas y columnas. El resto de los caracteres en el nombre pueden estar compuestos de los mismos caracteres, así como también de números y puntos. Sin embargo, independientemente del nombre, si el nombre está definido, tampoco puede ser una referencia de celda directa. Cada nombre definido puede incluir hasta 255 caracteres individuales, pero no se permiten espacios. Ningún nombre es específico para cada caso.

Alcance de los nombres definidos

Un nombre definido dado puede ser una sola hoja de cálculo o un libro completo. El alcance de un nombre definido dado se puede ver desde el principio según la forma en que se escribe el nombre, que es también la forma en que Excel sabrá encontrarlo, si tiene una hoja de cálculo separada abierta al mismo tiempo que lo están buscando:

- Los nombres simples como Example_01 se consideran automáticamente como hoja de cálculo exclusiva.
- Para asegurarse de que un nombre definido se aplique a todos los libros de los que forma parte, deberá agregar un prefijo. Por ejemplo, con la hoja#!Example_01, la hoja # es igual al número de la hoja de cálculo actual. Mientras tanto, el nombre definido debe separarse mediante un signo de exclamación.

Usando el cuadro de nombre para crear un rango

Puede crear rangos individuales con nombres específicos de muchas maneras diferentes. El primero involucra el nombre del cuadro que está al lado del cuadro de fórmula.

- Para comenzar, deberá elegir el rango o la celda que desea nombrar antes de seleccionar el nombre del cuadro y agregar el nuevo nombre. Usted confirma los cambios realizados con la tecla ENTRAR. Si el nombre contiene información no válida, no se guardará.

Si bien el cuadro de nombre es fácil de usar, no deja de tener sus defectos, empezando por el hecho de que no puede usarlo para crear nombres duplicados, incluso si las cosas que se nombran no están en la misma hoja de cálculo. Además, los nombres no se pueden editar utilizando el cuadro de nombre, y el cuadro de nombre tampoco mostrará el alcance completo del rango de un nombre dado. Finalmente, solo es bueno para crear nombres definidos dentro de la hoja de cálculo con la que está trabajando actualmente.

Crear automáticamente nombres definidos

Para crear un nombre definido, primero deseará seleccionar la opción para Crear nombres de la selección en el conjunto de opciones del Administrador de nombres dentro de la pestaña Fórmulas. Si planea crear varios nombres, entonces querrá comenzar a usarlo tan pronto como inicie el nuevo libro de trabajo y luego seguir con el mismo, ya que es probable que las cosas se confundan si se mezclan y combinan.

Tenga en cuenta lo siguiente cuando use esta opción para lograr los mejores resultados:

- Etiquete siempre sus filas y columnas de la misma manera para asegurarse de que podrá reconocerlas fácilmente cuando se agreguen los nuevos nombres definidos. Los espacios siempre serán reemplazados con guiones bajos.

- Los nombres definidos solo se referirán a las celdas que contienen datos, no a las etiquetas de columna o fila.

- Todos los nombres definidos creados de esta manera serán específicos del libro de trabajo.

Capítulo 2: Fórmulas

En general, puede contar con Excel para tener una serie de reglas condicionales establecidas para garantizar que las cosas tengan el formato correcto. Si eso no parece ser suficiente para satisfacer sus necesidades, entonces necesitará usar fórmulas para asegurarse de que todo sea correcto. Las fórmulas de Excel también tienen la capacidad de ser condicionales, lo que significa que puede crear fórmulas que solo se activan cuando se cumplen ciertas condiciones mediante los comandos Y, SI y O.

Los pasos que encontrará en este capítulo han reemplazado al Asistente de suma condicional de las versiones anteriores. Si bien este complemento ya no se encuentra disponible, sí podrá usarlo con las fórmulas antiguas y aún puede hacer que funcionen al colocarlas en la barra de fórmulas. También puede colocarlos en una celda directamente eligiendo primero la celda y luego seleccionando la opción para Fórmulas. Desde allí, querrá elegir Agregar una función antes de pegar los resultados en el cuadro Argumentos de la función.

Conceptos básicos de formato de fórmulas condicionales

- Comience seleccionando el grupo de celdas o celda individual a la que desea dar formato.

- Elija la pestaña Inicio antes de seleccionar la opción de Formato condicional y luego elija la opción de Nueva Regla cuando esté disponible.

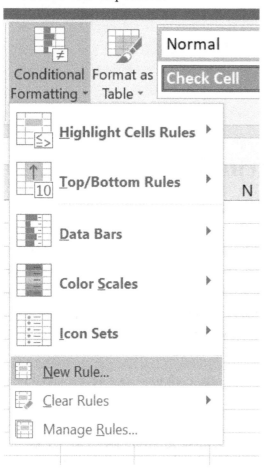

- Desde allí, elija la opción que le permita seleccionar las celdas a formatear.

- Elija la celda en la que desea colocar la fórmula o el formato en función de una fórmula existente. Normalmente, copiar y pegar es la forma más fácil de hacerlo.

- Seleccione la opción de formato y luego elija las especificaciones de formato que desea cambiar según la fórmula existente.

- No olvide presionar OK para aceptar su selección. Si todo se hizo correctamente, debería ver los resultados reflejados en las celdas seleccionadas.

Ejemplos de fórmulas condicionales

- Para señalar las celdas que están actualmente en blanco: seleccione las celdas que desea verificar, siga los pasos anteriores y luego ingrese esta fórmula =Celda1="", donde Celda1 es la primera celda que desea marcar.
- Para señalar las celdas que contienen los mismos valores: siga los pasos anteriores y luego ingrese esta fórmula =CONTAR.SI($A$1:$D$11,D2)>1.
- Para encontrar el promedio de un conjunto de celdas: comience por elegir qué celda contendrá la respuesta antes de ingresar esta fórmula =Celda1>MEDIA(Celda1: Celda2), donde Celda1 es la primera celda de la lista y Celda2 es la última celda de la lista.
- Para encontrar todos los valores que cumplan con varias condiciones específicas, ingrese =Y (los detalles específicos que busca). Las celdas que cumplan las condiciones dirán true (verdadero); el resto dirán false (falso).
- Para encontrar una lista de valores que cumplan con una variedad de condiciones, ingrese =O (las especificaciones que busca). Las celdas que cumplen al menos una de las condiciones, dirán true (verdadero); el resto dirán false (falso).
- Para cambiar la frase que las celdas listan en algo además de verdadero y falso ingrese = SI (Y (sus especificaciones), "Frase1," Frase2") donde la frase 1 y la frase 2 son con las que desea reemplazar verdadero y falso.
- Para agregar una variedad de calificaciones escalonadas basadas en valores en ciertas celdas, seleccione las celdas que desea calificar, luego ingrese = SI (celda1> número1, "grado1" SI (celda1> número2, "grado2", etc. En este caso, celda1 es la

primera celda de la lista, el número 1 es el primer nivel de calificación y el grado 1 es lo que se mostrará como resultado.

Duplicar formato o fórmulas condicionales existentes

- Para duplicar un formato o fórmula condicional existente en una nueva hoja de cálculo, lo primero que deberá hacer es seleccionar la celda con el formato que planea copiar.
- A partir de ahí, querrá buscar la opción Copiar formato que se puede encontrar debajo de la pestaña Inicio. Cuando se selecciona correctamente, convertirá el icono de su ratón en un icono de pincel.
- Una vez hecho esto, simplemente tendrá que arrastrar el pincel al grupo de celdas al que desea aplicar el formato o la fórmula. Cuando se hace correctamente, esto debería hacer que todo el formato se transfiera directamente y evitará tener que actualizar manualmente cualquier referencia específica en la fórmula.
- Si las referencias no se actualizan automáticamente, deberá hacerlo manualmente, lo cual puede hacer seleccionando la celda que contiene la nueva versión de la fórmula.
- Luego, querrá elegir las referencias que desea cambiar antes de presionar F4 para ver cómo la hoja de cálculo ve la referencia.
- Las referencias de celda se configuran como relativas por defecto, lo que significa que cada celda leerá la referencia en relación con la ubicación en la que se encuentra actualmente. Si la referencia es una referencia absoluta, las celdas enumeradas se usan como parte de la fórmula independientemente de dónde se encuentre la fórmula.
- Cuando haya terminado con el icono de la brocha, puede quitarlo presionando la tecla ESC. Si desea usarlo para pintar otro conjunto de celdas con la misma información, solo necesita hacer doble clic en la opción Copiar formato.

Eliminar el formato condicional

Si desea eliminar el formato condicional o las fórmulas de un conjunto de celdas o una celda específica, entonces comenzará seleccionando las celdas con el formato que desea eliminar.

- Desde allí, querrá elegir la pestaña Inicio y luego elegir la opción Formato condicional.
- A continuación, tendrá que seleccionar la opción Validar de datos, seguido del cuadro etiquetado Igual.
- Luego, elija la opción que le permitirá borrar las reglas, así como la opción para borrar las reglas de las celdas seleccionadas.

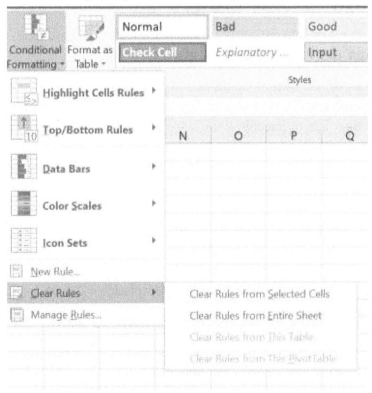

- Para borrar todo el formato de la hoja de cálculo, seleccione la opción Borrar reglas en la pestaña Formato condicional y finalmente elija la opción para eliminar el formato de la hoja de cálculo completa si eso es lo que desea hacer.

Capítulo 3: Funciones

Funciones de validación de datos

Las funciones de validación de datos son una característica útil de Excel que puede darle la posibilidad de generar una lista de entradas específicas que luego pueden limitar los valores que se pueden colocar con éxito en una celda determinada. También le permite crear mensajes que informen al usuario de los tipos de datos que se pueden colocar en las celdas. También puede incluir advertencias automáticas si se ingresan datos incorrectos e incluso encontrar cualquier instancia de información incorrecta gracias a la función de auditoría práctica. Incluso puede determinar un rango de valores específicos para colocar en una celda o determinar el rango en función de los resultados de una celda predeterminada.

Establecer lo que se puede introducir en una celda

Para asegurarse de que solo se pueda colocar una lista de valores en una celda determinada, o de que una celda solo acepte ciertos números, lo primero que debe hacer es establecer una lista de valores aceptables antes de configurar la celda para saber qué es qué.

- Para comenzar, querrá seleccionar la celda A1 haciendo clic en ella.

- Una vez hecho esto, querrá localizar el menú Datos y luego la opción etiquetada Validación.
- Desde allí, desea elegir la opción Configuración antes de elegir la opción Lista en el menú desplegable resultante.

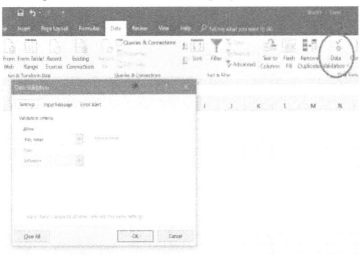

- Desde el menú resultante, querrá ubicar la opción etiquetada Fuente y llenar el cuadro correspondiente con a, b, c y luego confirmar sus acciones. Si lo prefiere, puede llenar este cuadro con una referencia de celda específica o un rango con nombre. Si sigue una de estas rutas, deberá incluir un signo igual (=) antes de enumerar los detalles.
- Suponiendo que haya hecho todo correctamente hasta este punto, ahora debería ver en A1 una lista que proporciona todos los valores que se pueden usar dentro. Al seleccionar una de las opciones, se asegurará de que aparezca en la celda. También puede escribir valores en la celda, aunque solo los que estén permitidos permanecerán cuando usted haga clic en ella.

Mostrar qué datos están permitidos

Una vez que haya creado un mensaje, lo verá cada vez que seleccione una celda que tenga opciones de entrada limitadas. Podrá mover la ubicación del mensaje a voluntad o determinar si aparece en un Asistente de Office activo.

- Comenzará por elegir la celda en la que desea colocar el mensaje. Todavía tendrá que elegir una celda de inicio incluso si planea que el mensaje aparezca finalmente dentro de un Asistente de Office activo.

- A continuación, seleccionará el menú Datos y luego la opción Validación antes de elegir la pestaña Mensaje de entrada.

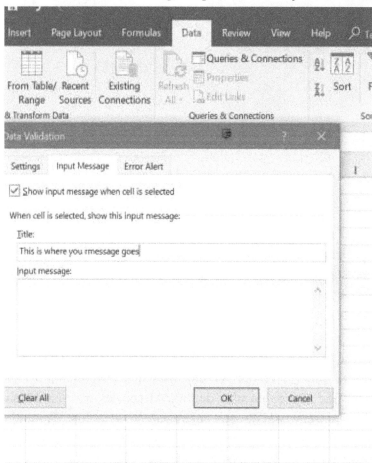

- Asegúrese de que la opción que indica si el mensaje se va a mostrar esté marcada antes de seleccionar la casilla Título y agregar el título de su mensaje. Finalmente, ingrese el mensaje que desea enviar en el cuadro etiquetado Mensaje y asegúrese de hacer clic en Aceptar al salir de esta página; de lo contrario, nada se guardará.

Ingrese un mensaje de "datos incorrectos ingresados"

Este tipo de mensaje puede manifestarse de diferentes maneras. Primero, pueden evitar que se ingresen datos incorrectos para empezar y, en segundo lugar, solo pueden informar al usuario cuando se ha producido un error. También es posible limitar simplemente los datos que se pueden agregar a una celda sin proporcionar ninguna explicación de por qué podría ese ser el caso.

- Elija la celda a la que desea agregar el mensaje.
- Seleccione la pestaña Datos y luego la opción etiquetada Validación y elija la pestaña etiquetada Mensaje de error.
- Asegúrese de que la casilla Mostrar mensaje de error esté marcada antes de determinar el tipo de mensaje que desea configurar.
- Si desea crear el tipo de mensaje que no permitirá que se agreguen valores incorrectos a una celda, elija la lista con la etiqueta Estilo y seleccione la opción Detener. Agregue un título para el mensaje en el cuadro etiquetado Título y la mayor parte del mensaje en el cuadro etiquetado Mensaje de error. El mensaje debe indicar qué valores están permitidos. Asegúrese de hacer clic en Aceptar, o no se guardará nada.
- Si desea crear un mensaje que advierta al usuario sobre los valores incorrectos, visite la lista de estilos y elija la opción Advertencia. Esto obligará al usuario a elegir continuar cuando se agreguen valores incorrectos a celdas específicas. Agregue un título para el mensaje en el cuadro etiquetado Título y la mayor parte del mensaje en el cuadro etiquetado Mensaje de error. El mensaje debe indicar qué valores están permitidos. Asegúrese de hacer clic en Aceptar, o no se guardará nada.
- Si desea crear un mensaje que simplemente informe al usuario de los valores incorrectos, visite la Lista de estilos y elija la

opción Información. Agregue un título para el mensaje en el cuadro etiquetado Título y la mayor parte del mensaje en el cuadro etiquetado Mensaje de error. El mensaje debe indicar qué valores están permitidos. Asegúrese de hacer clic en Aceptar, o no se guardará nada.

Usando la barra de herramientas de auditoría

Una vez que haya dejado en claro al sistema qué límites existen en el tipo de datos que se pueden agregar a una celda, puede volver a verificar que toda la información existente se encuentre dentro de los límites de lo que es aceptable. Las celdas incorrectas se resaltarán para facilitar su uso.

- Primero, tendrá que seleccionar el menú Herramientas y luego seleccionar la opción Personalizar.
- De las opciones resultantes, deberá seleccionar Barras de herramientas en la ventana de diálogo que aparece y luego asegurarse de que la casilla de Auditoría esté marcada.
- Una vez que cierre esa ventana, querrá ubicar la barra de herramientas de Auditoría y elegir la opción para resaltar datos no válidos. A continuación, encontrará que, si soluciona el error, el problema se eliminará de la lista.

Determinar el rango de valores aceptables

Usted tiene la libertad de establecer máximos y mínimos específicos para los valores permitidos dentro de una celda específica. Esto también le permitirá determinar si la celda en la que está trabajando en este momento afectará las otras celdas como resultado de sus acciones.

- Para comenzar, deberá elegir la celda a la que desea agregar los límites.
- A continuación, busque el menú Datos y elija la opción Validación antes de seleccionar la barra de ajuste.

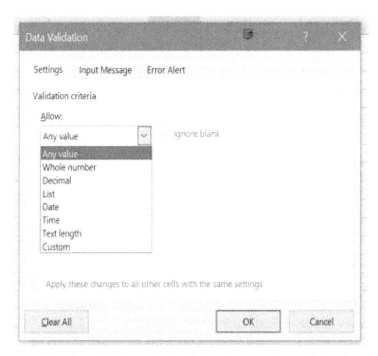

- Desde allí, deseará elegir la lista para Permitir y luego elegir la opción Número entero. Luego, seleccionará la opción Datos y luego la opción Entre de la siguiente lista.

- Finalmente, deberá ingresar tanto un número máximo como uno mínimo, o podría usar una referencia de celda establecida dependiendo de para qué necesita la hoja de cálculo. Todo lo que queda por hacer es hacer clic en Aceptar y asegurarse de que todos los detalles se guarden correctamente.

Asegúrese de que una celda sea válida en función de su relación con otra celda

Si es necesario, también puede asegurarse de que las celdas solo permitan el ingreso de ciertos valores en función de su relación con otras celdas.

- Para comenzar, deseará elegir el menú Datos, luego ubicar la opción de Validación, seguido de la pestaña Configuración.

- A continuación, seleccionará la lista Permitir, seguida de la opción Personalizada.

- Elija el cuadro etiquetado Fórmula y luego ingrese esta fórmula: SI (celda1> celda2, VERDADERO, FALSO) y luego simplemente reemplace Celda1 y Celda2 con las celdas específicas que desea conectar entre sí. También puede usar otras funciones además de SI, aunque siempre debe incluir la opción de verdadero y falso y no se olvide del signo de igual.
- Debe asegurarse de que la función se guarde presionando OK y estará listo.

Funciones matriciales

Las matrices se pueden calcular utilizando Excel de muchas maneras: la función MMULT es útil para determinar los resultados de multiplicar dos matrices que se usan como suplentes para matrices; la función MUNIDAD se utiliza para determinar la matriz de una unidad cuando se le da una referencia dimensional específica; la función MDETERM se utiliza para determinar la medida de escala para una matriz cuadrada; y la función MINVERSA se usa para determinar la inversa de una matriz cuadrada.

MMULT

Cuando dé formato a esta función, querrá escribirla como MMULT (matriz1, matriz2) en la que cada matriz es un grupo de valores que se distribuyen a lo largo de cualquier número de celdas predeterminadas que, si se toman juntas, representan dos matrices conectadas. Como tal, cada matriz debe escribirse como Celda1:Celda2 con Celda1 conteniendo los primeros detalles de celda de la matriz y la segunda celda conteniendo los detalles de la segunda matriz. Estas matrices se pueden escribir con éxito como constantes y referencias. Si está utilizando Excel Online, no podrá aprovechar las fórmulas matriciales.

Para asegurarse de que obtenga correctamente un resultado de matriz para la función una vez que la ingresa en la barra de funciones, es fundamental que primero presione la tecla CTRL, así como la tecla MAYÚS y la tecla ENTRAR simultáneamente. Podrá saber si la función se ha ingresado correctamente si un par de {} la rodea. No los agregue manualmente si no aparecen. Si la hoja de cálculo los agrega, significa que reconoce la función; de lo contrario, solo pierde su tiempo.

`{=MMULT(B6:D7,F6:G8)}`

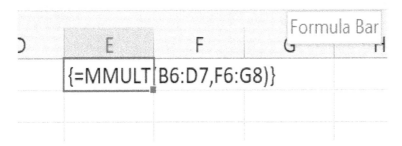

El resultado de la función debe contener un número de filas igual a las filas de la primera matriz, mientras que también contiene el mismo número de columnas que la segunda matriz. Para determinar el producto matricial adecuado, es importante asegurarse de que la primera de las dos matrices contenga el mismo número de columnas, ya que la segunda matriz tiene filas. Este resultado se mostrará en un área de la hoja de cálculo que haya indicado anteriormente. También es importante seleccionar el número de celdas igual al resultado o, de lo contrario, solo verá los números de la matriz resultante que seleccionó inicialmente.

Al usar esta función, es posible que encuentre varios tipos diferentes de mensajes de error. El primero es #Valor! que aparecerá si alguna de las celdas de la matriz que designó está vacía o contiene algo más que números. También puede aparecer si sus filas y columnas no se alinean después de la función. Si en cambio ve el mensaje #N/A, significa que esa celda no formará parte del resultado final.

MUNIDAD

{=MMUNIT(B6:D7,F6:G8)}

D	E	F	G
	T(B6:D7,F		

El formato adecuado para esta función se escribe como MUNIDAD (dimensión). En este caso, la dimensión representa un valor que determina las dimensiones reales de la matriz que está creando. El número resultante siempre será mayor que cero. Para asegurarse de que obtiene correctamente un resultado de matriz para la función una vez que la ingresa en la barra de funciones, es fundamental que primero presione la tecla CTRL, así como la tecla MAYÚS y la tecla ENTRAR simultáneamente. Podrá saber si la función se ha ingresado correctamente si está rodeada por un par de {}. No los agregue manualmente si no aparecen. Si la hoja de cálculo los agrega, significa que reconoce la función; de lo contrario, solo pierde su tiempo.

Además, es importante tener en cuenta que primero debe haber seleccionado el número apropiado de celdas que contendrán los detalles de la matriz, así como para garantizar que la función trabaje correctamente. Si recibe #VALOR! entonces sabe que el número de dimensión de la función es cero, vacío o un valor no numérico de un tipo u otro. Esto normalmente resultará en que el resto de las celdas también se etiqueten con N/A. Es importante seleccionar el número de celdas igual a lo que será el resultado o, de lo contrario, la hoja de cálculo solo mostrará el número de la matriz que seleccionó.

MDETERM

Cuando dé formato a esta función, querrá escribirla como MDETERM (matriz), en la que la matriz es un grupo de valores que se distribuyen a lo largo de cualquier número de celdas predeterminadas. Como tal, la matriz debe escribirse como Celda1:Celda2, con Celda1 conteniendo los primeros detalles de la celda de la matriz y la segunda celda conteniendo los detalles de la matriz de la celda final en la matriz. Para asegurarse de que obtiene correctamente un resultado de matriz para la función una vez que la ingresa en la barra de funciones, es fundamental que primero presione la tecla CTRL, así como la tecla MAYÚS y la tecla ENTRAR simultáneamente.

Podrá saber si la función se ha ingresado correctamente si un par de {} la rodea. No los agregue manualmente si no aparecen. Si la hoja de cálculo los agrega, significa que reconoce la función; de lo contrario, solo estará perdiendo su tiempo. Es importante seleccionar el número de celdas igual a lo que será el resultado o, de lo contrario, la hoja de cálculo solo mostrará los números de la matriz resultante que seleccionó.

La matriz determinante que se muestra como resultado de esta función se calcula en función de los valores presentes en la matriz. Suponiendo que se trata de una matriz cuadrada 3/3, se puede escribir como A1((B2)(C3) - (B3)(C2)) + A2((B3)(C2) + A2((B3)(C1) - (B1)(C3) + A3((B1)(C2) - (B2)(C1). En este caso, el factor determinante de la matriz es la pregunta que generalmente se usa cuando se trata de encontrar la respuesta a problemas matemáticos con variables potencial múltiple. MDETERM también es útil cuando se trata de encontrar respuestas hasta el decimosexto dígito, pero esto puede llevar a problemas si está trabajando con matrices grandes.

MINVERSA

Cuando dé formato a esta función, querrá escribirla como MINVERSA (matriz) y la matriz se escribirá como Celda1:Celda2, con Celda1 conteniendo los primeros detalles de la celda de la matriz y la segunda celda conteniendo los detalles de la matriz de la celda final. Para asegurarse de que obtenga correctamente un resultado de matriz para la función una vez que la ingresa en la barra de funciones, es fundamental que primero presione la tecla CTRL, así como la tecla MAYÚS y la tecla ENTRAR simultáneamente.

Podrá saber si la función se ha ingresado correctamente si un par de {} la rodea. No los agregue manualmente si no aparecen. Si la hoja de cálculo los agrega, significa que reconoce la función; de lo contrario, solo estará perdiendo su tiempo. Es importante seleccionar el número de celdas igual a lo que será el resultado o, de lo contrario, la hoja de cálculo solo mostrará los números de la matriz resultante que seleccionó.

El resultado, en este caso, siempre tendrá el mismo número de filas y columnas que tenía la matriz cuadrada original. Siempre podrá multiplicar una matriz por la matriz inversa para crear una matriz de identidad. Las matrices que no tienen inversos se llaman matrices singulares.

Capítulo 4: Macros

Si va a utilizar Excel para completar las mismas tareas de manera regular, definitivamente querrá echar un vistazo a las macros, ya que le permiten ingresar automáticamente una amplia variedad de información que de otra manera tendría que hacerlo manualmente. Una macro es simplemente un grupo de comandos de Excel que se unen con el propósito de completar un objetivo específico. Mientras que las macros se pueden escribir utilizando Visual Basic (se explica en un capítulo posterior), si apenas está comenzando y no sabe cómo codificar, entonces querrá usar la grabadora de macros.

La grabadora de macros es un programa útil que le permitirá recopilar y almacenar una serie de pasos que se usarán más adelante con un solo comando. La grabadora de macros recordará todo lo que haga una vez que esté encendida, lo que significa que tendrá que practicar todos los pasos manualmente antes de presionar grabar. La macro está disponible en la pestaña Desarrollador, que se puede encontrar en el menú Opciones después de seleccionar primero el nivel de opciones del archivo. A continuación, deberá agregar la opción de Desarrollador a la Cinta de opciones para usar las macros.

La creación de un libro de macros personales

Para grabar sus propias macros, primero deberá hacer visible también su libro de macros personal.

- Para comenzar, ubique la pestaña Inicio y elija el grupo Celdas.

- Seleccione la opción dar formato y elija la opción para elementos ocultos y deseleccione la opción del libro de trabajo de macros personales.

Grabando una macro

- Elija la pestaña Desarrollador una vez que la tenga activada y luego seleccione la opción para Grabar macros; se puede encontrar cerca del grupo de opciones de Código.

- Luego se le presentará un cuadro de nombre donde ingresará el nombre de la macro que está creando. Es importante tener en cuenta que los títulos de las macros deben comenzar con una letra, no pueden incluir espacios y no pueden hacer referencia a ninguna celda directamente. Sin embargo, el nombre no será sensible a mayúsculas y minúsculas.

- Una vez que usted haya establecido el nombre de su macro, se le pedirá que le asigne un método abreviado de teclado. Si reemplaza un acceso directo existente con su nuevo acceso directo, entonces el nuevo resultado reemplazará el anterior, pero solo en el libro de trabajo con la macro en su lugar, por lo que es mejor elegir los comandos de teclado que no existan para obtener los mejores resultados.

- Luego, deberá elegir dónde almacenar la macro, incluido el libro de trabajo actual, un libro nuevo o su libro de macros personal, si desea que esté disponible en todos los libros de trabajo nuevos que se presenten más adelante.

- Finalmente, podrá agregar una descripción a su macro antes de que se le dé una opción para confirmar todas las elecciones que ha hecho.

- Una vez que se hayan confirmado todas sus opciones, deberá grabar la macro, lo que significa que tendrá que estar preparado para hacer todo perfectamente, ya que todos los pasos que realice se grabarán exactamente como lo haga y cualquier referencia a las celdas que realice se grabará exactamente.

- Todas las referencias van a ser específicas de forma predeterminada, pero si desea que sean más bien relativas, deberá ubicar el botón para hacerlo en la pestaña Desarrollador y activar la opción.

- Una vez que seleccione la opción de parada, no podrá grabar ninguna pulsación adicional, y la macro se guardará automáticamente en la ubicación que solicitó. Mientras está grabando, debería ver el botón de detener en la parte inferior de la pantalla en todo momento.

- Una vez que haya grabado su macro, debería poder ejecutarla de inmediato utilizando el acceso directo que seleccionó. Alternativamente, puede abrir una lista de las macros que están disponibles actualmente presionando F8. Al seleccionar una macro de esta lista, se ejecutará automáticamente.

Dar una macro a un objeto, gráfico o control

Para asignar una macro a un objeto, gráfico o control, primero deberá crear la macro de manera normal. Una vez que se ha creado, usted tendrá la libertad de hacer lo siguiente:

- Para comenzar, haga clic con el botón derecho en el objeto, gráfico o control al que desea transferir la macro.

- A continuación, elija la opción Asignar macro en el menú que aparece a continuación antes de elegir la macro que desea asignar. No olvide confirmar su decisión para asegurarse de que se guarde su selección.

Agregar una macro a una macro

- Comience por asegurarse de que la pestaña Desarrollador se muestre como ha descrito anteriormente antes de elegir la opción de Seguridad de macros que se encuentra arriba de las opciones de codificación.

- Elija la opción de Configuración y luego elija la opción Habilitar todas las macros. Ignore la advertencia que aparece, pero asegúrese de devolver la configuración a su estado predeterminado cuando haya terminado de agregar macros para asegurarse de que su computadora no detecte códigos maliciosos en el camino.

- Elija el libro de trabajo que contiene la macro que desea copiar y luego abra la opción de macro desde la pestaña Desarrollador.

- De la lista resultante de macros que están actualmente disponibles, debe elegir la que desea copiar antes de seleccionar la opción Editar. El código que desea copiar debería estar ahora disponible en el editor de Visual Basic.

- Si desea utilizar todas las macros, es importante que copie la parte del código que se encuentra en las secciones de End Sub y Sub Line.

- Una vez que haya seleccionado el código, querrá abrir el menú Editar y copiar el texto que también se puede hacer presionando CTRL más C.

- Luego, elija el cuadro de Procedimiento que se encuentra en la ventana de código, que es donde encontrará la lista de módulos que son compatibles con su código elegido. Una vez que haya elegido el lugar correcto, debe usar la opción de Pegar.

Eliminar una macro

Las macros se pueden eliminar fácilmente suponiendo que tiene la pestaña Desarrollador activa y lista para usar siguiendo los pasos descritos anteriormente. Si la macro que está intentando eliminar está guardada en el Libro de macros personal, deberá asegurarse de que el Libro de ejercicios no esté oculto también.

- Lo primero que deberá hacer si desea eliminar una macro es elegir el libro de trabajo que contiene la macro en cuestión.
- A continuación, querrá usar la pestaña Desarrollador para seleccionar la opción para Macros.
- Esto le proporcionará una lista de todas las macros disponibles actualmente. Haciendo clic en la X al lado de cada uno los borrará. Se le dará la opción de confirmar su elección antes de que se elimine algo para siempre.

Creando una macro con VBA

- Para comenzar, debe asegurarse de que la pestaña de desarrollador esté activa siguiendo los pasos sugeridos al comienzo del libro, luego diríjase a Seguridad de macros.
- Elija la opción Configuración y luego elija la opción Habilitar todas las macros. Ignore la advertencia que aparece a continuación, pero asegúrese de regresar el Menú de configuración y devuelva todo a la normalidad para asegurarse de que su computadora no se infecte con algún código malicioso.
- Una vez hecho esto, seleccionar la opción para Visual Basic en la pestaña Desarrollador y el grupo de Código.
- Esto hará que aparezca el editor para VBA. Elija el menú para Insertar, seguido de la opción Módulo. Tenga en cuenta que esto creará un acceso directo para todos los Libros activos actualmente en Excel. Además de macros, se pueden crear módulos de clase, formularios de usuario y módulos regulares desde esta ventana.

- Una de estas ventanas es el Editor de Proyecto de Visual Basic, este le mostrará todas las macros VBA actualmente activas en el libro abierto.

- A partir de ahí, deberá agregar el código de la macro que desea utilizar. Para asegurarse de que funciona como usted espera, todo lo que necesita hacer es presionar F5 para verlo correr mientras se encuentra en esta misma ventana. Es importante tener en cuenta que las características de VBA en Excel son algo limitadas, lo que significa que no puede contener llamadas a procedimientos, funciones (que están integradas), bucles, declaraciones SI, matrices, variables o constantes definidas.

- Una vez que haya terminado con su macro, deseará seleccionar la opción Cerrar para volver a su hoja de cálculo a través del menú Archivo.

Capítulo 5: Búsqueda vertical y horizontal

La búsqueda vertical (BUSCARV) y la búsqueda horizontal (BUSCARH) son dos de las funciones de búsqueda y referencia del programa de hoja de cálculo que son útiles para encontrar un bit específico de datos o rango de datos en una fila o columna específica.

BUSCARV

Para usar BUSCARV de manera efectiva, lo primero que debe hacer es asegurarse de que sus datos ya estén ordenados de tal manera que los datos que está buscando siempre estarán a la derecha de la información que puede usar para encontrar la información que necesita. BUSCARV puede entonces buscar columnas para información relacionada.

Para usar la función BUSCARV, la escribirá como BUSCARV(valor_buscado, matriz_buscar_en, indicador_filas, [ordenado]).

`=VLOOKUP(H2,B3:E59,3,FALSE)`

C	D	E	F	G	H
lame	Part Price	Status		Part Number	A029
ɔump	$68.39	In stock		Part Price	$ 3.43
ɔor	$380.73	In stock			

• En este escenario, el valor de búsqueda es el valor que ingresará, que indica el valor que está buscando.

• La matriz_buscar_en es la lista de celdas que se buscarán y se escribe en la forma de Celda1: Celda2, con Celda1 representando la primera celda que se buscará y Celda2 que denota la última celda que se buscará.

• El número entero ingresado en el espacio indicador_filas es el número de columna que desea buscar para la información que está buscando.

• Finalmente, la función ordenada puede escribirse como FALSO o VERDADERO. Si elige verdadero, entonces la búsqueda encontrará la coincidencia disponible más cercana según lo que ingresó. Si elige falso, la búsqueda solo devolverá coincidencias exactas.

BUSCARH

Al igual que BUSCARV, BUSCARH se utiliza cuando necesita buscar información relacionada con un valor específico. Para usar BUSCARH con éxito, debe asegurarse de que sus datos ya estén organizados de tal manera que los datos que busca siempre estén por debajo de la información que puede usar para encontrar la información que necesita. BUSCARH puede entonces buscar columnas para la información relacionada.

Para usar la función BUSCARH, la escribirá como BUSCARH(valor_buscado, matriz_buscar_en, indicador_filas, [ordenado]).

- En este escenario, el valor de búsqueda es el valor que ingresará, que indica el valor que está buscando.

- En matriz_buscar_en es la lista de celdas que se buscarán y se escribe en la forma de Celda1: Celda2, con Celda1 representando la primera celda que se buscará y Celda2 que denota la última celda que se buscará.

- El número entero ingresado en el espacio indicador_filas es el número de columna que desea buscar para la información que está buscando.

- Finalmente, la función ordenada puede escribirse como FALSO o VERDADERO. Si elige verdadero, entonces la búsqueda encontrará la coincidencia disponible más cercana según lo que ingresó. Si elige falso, la búsqueda solo devolverá coincidencias exactas.

Problemas a tener en cuenta

- Si se muestra el resultado incorrecto, lo primero que debe hacer es asegurarse de que esté clasificando la columna o fila de forma adecuada, ya sea alfabética o numéricamente, según la lista que esté buscando. Si esto no es posible, querrá asegurarse de que ordenado esté configurado como falso.

- Si recibe una respuesta de N/A, es probable que haya escrito mal su valor de búsqueda. Esto podría deberse a que es demasiado pequeño para la lista matriz_buscar_en. Si configura ordenado en falso y no hay buenos resultados, también obtendrá este resultado.

- Si obtiene como respuesta REF!, entonces la razón más común para esto es que ha ingresado una variable indicador_filas que es más grande que el número de columnas disponibles a través del matriz_buscar_en.

- Si su resultado vuelve como VALOR!, entonces tendrá que echar un vistazo más de cerca a su matriz_buscar_en, ya que puede estar en blanco o en un decimal.

- Si el resultado vuelve como NOMBRE?, entonces esto se debe a que incluyó una palabra pero no pudo incluir citas a su alrededor. Si está buscando algo basado en un nombre propio, es vital incluir el término de búsqueda entre comillas al hacerlo.

Consejos y trucos

- Para obtener los mejores resultados, es importante que todas sus referencias para ordenado terminen como absolutos. Si las referencias de sus celdas son relativas, entonces cada celda leerá la referencia en relación con la ubicación actual. Para asegurarse de que están configurados en la configuración absoluta, deberá presionar la tecla F4, que debería mostrar un menú que determinará cómo la hoja de cálculo actual lee sus referencias.

- Siempre escriba sus fechas en forma numérica en lugar de escribir los nombres de los meses. Si lo escribe, es probable que esto cause problemas en la primera columna, especialmente cuando la variable matriz_buscar_en está involucrada. Para cambiar el texto existente al formato de fecha, todo lo que debe hacer es usar la función FECHANUMERO(FECHANUMERO) así: = FECHANUMERO (Celda 1) y presionar la tecla ENTRAR. Celda1 puede reemplazarse con la celda que espera cambiar. Esto formateará la fecha como el número de serie para el día, que es el número de días en que la fecha es posterior al 1 de enero de 1900, que figura como número de serie 1.

- Si usa el asterisco y el signo de interrogación correctamente, puede ser fácil usarlos junto con el comando valor_buscado. Un signo de interrogación se registrará como coincidencia con cualquier carácter que se encuentre en la misma ubicación en la consulta, y se puede usar un asterisco como sustituto de cualquier número de caracteres. Por ejemplo, el archivo de aplicación devolverá los resultados de Apple, al igual que la aplicación *. Para buscar información que contenga cualquiera de estos caracteres, coloque un ~ delante de ellos.

- Es importante asegurarse de no incluir espacios adicionales, comillas innecesarias o caracteres que no se van a imprimir fácilmente en su primera columna. Si lo hace, entonces los tipos de búsqueda de libros generarán errores.

- Puede utilizar la función de limpiar para eliminar caracteres que no se pueden imprimir por una razón u otra. El mejor momento para usarlo es en la primera columna de la hoja de cálculo en la que planea usar una función de búsqueda. La sintaxis para hacerlo se escribe como LIMPIAR (Celda1: Celda2), con celda1 y celda2 con referencia a cualquiera de los extremos de las celdas que se limpiarán.

- Puede usar la función de ESPACIOS para recortar espacios de una celda o grupo de celdas que no son necesarios. Recortará cualquier espacio que no separa claramente dos caracteres. Esta función se puede escribir como Espacios (Celda1: Celda2), con cell1 y cell2 en referencia a cualquiera de los extremos de las celdas que se limpiarán.

Capítulo 6: Tablas dinámicas

Las tablas dinámicas son una forma rápida y fácil de comprimir y luego comparar grandes cantidades de datos. Excel comprende qué tan útiles y necesarias son las tablas dinámicas, y suponiendo que sus ajustes estén configurados correctamente, no solo recomendará los momentos en que parece que se necesita una tabla dinámica, sino que también creará los elementos básicos para usted, asegurándose de que tenga la libertad de analizar, presentar y explorar sus datos de la manera más eficaz posible.

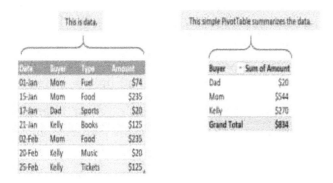

Antes de que siga adelante y cree su propia tabla dinámica, asegúrese de que todas sus columnas y tablas estén organizadas con títulos oficiales y que no contengan espacios en blanco, celdas ocultas o caracteres fuera de lugar. Una vez que esté listo para insertar una tabla dinámica, irá a la pestaña Insertar y luego seleccionará la opción para que Excel le recomiende tablas dinámicas. Esto debería abrir un nuevo cuadro de diálogo que le sugerirá qué tablas dinámicas podrían compilarse usando los datos disponibles. Todo lo que necesita hacer es elegir el que más le convenga y luego dar su consentimiento para que se cree la tabla.

Si decide que desea eliminarlo, simplemente selecciónelo y luego presione la tecla eliminar. Si esto genera un mensaje de error, querrá asegurarse de que se haya seleccionado la tabla completa antes de volver a intentarlo.

Lista de campo

Una vez que haya creado su tabla dinámica, encontrará que se genera automáticamente una lista dinámica que le permite filtrar los datos proporcionados con un grado aún mayor de especificidad. La lista de campos también se puede encontrar en la pestaña Herramientas de tabla dinámica. Esto le proporcionará una lista de los campos disponibles que aún puede agregar a la tabla además de una sección de cuatro cuadros, uno para valores, columnas, filas y filtros. Luego, puede cambiar entre los campos relevantes según sea necesario.

En general, los campos sin números se agregan a las filas y los números se agregan a los valores. Mientras tanto, detalles como fechas y horas se colocan en columnas específicas. Los campos se pueden eliminar de las áreas mediante la opción Eliminar campo.

A partir de ahí, los campos ubicados en el área de filtros aparecerán en la tabla dinámica para que actúen como filtros para el resto de la tabla. Los campos en el área de las columnas aparecen en la parte superior de la tabla dinámica. Si bien puede variar según los detalles, puede encontrar ciertas columnas cruzadas unas dentro de otras. Las filas se pueden encontrar a la izquierda de la tabla dinámica, así como dentro de la otra, si así lo requiere su contenido. Los valores también se pueden encontrar debajo de las columnas y con frecuencia se resumen o muestran usando valores numéricos.

Múltiples campos en un área determinada pueden clasificarse simplemente arrastrándolos a donde desee.

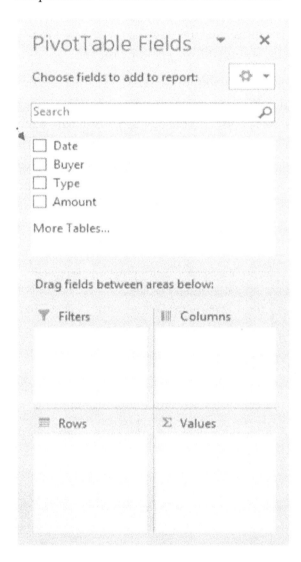

Clasificación de las tablas dinámicas

Las tablas dinámicas ofrecen una amplia variedad de opciones útiles para clasificar, incluyendo flechas directamente en la lista de columnas y filas. Esto le permitirá clasificar ambos en orden descendente o ascendente. Estas flechas le facilitarán el acceso a más filtros para valores y etiquetas, así como la búsqueda de más opciones cuando se trata de clasificar. Si una columna no incluye automáticamente una flecha, aún puede ordenarse simplemente seleccionando una celda dentro de una fila o columna, luego haciendo clic derecho en ella y eligiendo la opción Ordenar.

Cuando se trata de ordenar las tablas dinámicas, también deberá tener en cuenta que cualquier dato con espacios iniciales puede afectar negativamente los resultados a medida que se ordenan. Esto significa que es vital que elimine dicho formato antes de intentar ordenar los datos. Además, deberá tener en cuenta que no puede ordenar las entradas sensibles al texto y que está más limitado al tipo de clasificación que puede hacer, lo que significa que no se puede clasificar por color de fuente, formato, color de celda y tipos condicionales de formato.

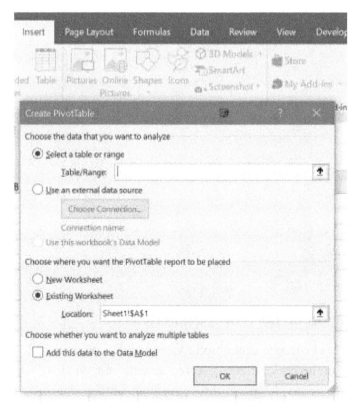

Añadir datos externos a una tabla dinámica

Además de agregar información que ya está almacenada en la tabla dinámica, también puede agregar información externa a la tabla dinámica siempre que esté alojada en una base de datos de servidor, dentro de Microsoft Accessor o en un archivo de cubo de procesamiento analítico en línea.

- Para comenzar, deberá seleccionar la hoja de cálculo donde desea colocar los datos cuando todo esté listo y hecho.
- Luego elegirá la pestaña Insertar y luego buscará la opción para generar una tabla dinámica.
- Esto debería generar un cuadro de diálogo con la opción de determinar el tipo de datos que planea usar. Seleccionar esta opción le permitirá elegir el modo para importar los datos desde una fuente externa.
- Una vez hecho esto, podrá determinar el tipo de conexión que realizará, lo que, a su vez, dependerá del tipo de fuente externa que esté utilizando. La próxima vez que utilice este proceso, tendrá la opción de utilizar una conexión que haya utilizado anteriormente con éxito.
- El uso de la pestaña Otras fuentes le permitirá obtener información utilizando Analysis Services o un servidor SQL.
- Puede acceder a la base de datos de acceso desde la pestaña de datos, seleccionando la opción Desde. A continuación, deseará elegir Fuente de datos y elegir la opción Abrir. Desde allí, podrá elegir el tipo de información que desea utilizar en la Tabla dinámica. Es importante tener en cuenta que deberá elegir la opción para crear varias tablas a la vez si decide seleccionar más de un archivo.
- Una vez hecho esto, deberá decidir dónde desea colocar la nueva tabla dinámica, ya sea en una nueva hoja de cálculo o en una existente.

- Una vez que haya finalizado sus elecciones, debería ver aparecer la tabla dinámica con una lista de campos que contiene todas sus instrucciones bien especificadas.

- También puede importar modelos de datos en tablas dinámicas seleccionándolos de la opción de fuente de datos externa y luego seleccionando Elegir conexión antes de seleccionar la pestaña para Tablas.

- Si necesita crear un nuevo gráfico dinámico completamente desde cero, entonces la opción Este modelo de datos del libro de trabajo le proporcionará los elementos básicos que necesita para comenzar.

Generar una tabla única de varias tablas existentes

Si desea colocar los datos de relación en una tabla dinámica, esto se puede lograr fácilmente agrupando los valores comunes. En este escenario, la lista de campos mostrará una colección de toda la tabla cuyos valores pueden ver juntos. Los campos de las distintas tablas se pueden mover a la tabla dinámica según lo considere necesario. Para usar varias tablas del mismo libro, primero deberá crear una relación entre las dos tablas. Antes de comenzar, es importante tener en cuenta que ambas tablas tengan una columna que luego se pueda asignar a una de las otras columnas de la tabla.

- Cuando esté comenzando, querrá asegurarse de que esta columna solo contenga información única y que ambas tablas tengan el nombre correcto.

- Para comenzar, elija la pestaña Datos y luego la opción Relaciones, seguido de Nuevo.

- A continuación, elija la opción que le permita determinar la tabla base con la que se vincularán las demás.

- Desde allí, elija la opción para Columna externa y luego la columna que sea relevante para la relación.

- Luego tendrá que seleccionar la tabla, así como la columna que desea conectar a la tabla inicial, y la columna en la sección de

Tabla / Columna relacionada. No olvide confirmar sus elecciones antes de continuar.

• La generación de una tabla dinámica hará que varias tablas sean visibles a través de la lista de campos de la tabla dinámica y la opción de la lista de campos de la tabla dinámica.

Cambiar los datos de clasificación de una tabla dinámica existente

Después de que la tabla dinámica se haya creado con éxito, los datos que se consideran su material de origen se pueden cambiar de un modo relativamente fácil.

• Para comenzar, deseará seleccionar la tabla dinámica que desea modificar para que aparezca una lista de herramientas específicas de la tabla dinámica.

• Debajo de la pestaña Datos, deseará elegir la opción Analizar, y luego la opción para cambiar la fuente de los datos.

• Luego, deberá determinar el nuevo rango que desea usar a través del cuadro de tabla/rango. En lugar de escribir toda esta información directamente, simplemente puede seleccionarla en la hoja de cálculo principal. Cuando se hace correctamente, hacerlo llenará automáticamente los datos dinámicos con la nueva información.

• Si la fuente de datos externa ya ha cambiado de antemano, es probable que esto se vea simplemente seleccionando la opción para las fuentes de datos externas.

• Es importante tener en cuenta que las tablas dinámicas que ya se basan en modelos de datos existentes no se pueden cambiar.

• Al igual que con las tablas regulares, la tabla dinámica se puede actualizar fácilmente haciendo clic en la tabla dinámica que desea actualizar. Para abrir las herramientas que se utilizarán con la tabla dinámica, seleccionará la pestaña Datos y luego la opción Analizar, seguida de la opción Actualizar; también puede usar Actualizar todo para actualizar todas las tablas dinámicas de su libro al mismo tiempo. También puede realizar la misma tarea presionando Alt y F5 al mismo tiempo.

- Al cambiar los datos de esta manera, deberá asegurarse de que las celdas y columnas no se reformateen incorrectamente seleccionando primero la pestaña de Datos y luego la opción Analizar antes de seleccionar las opciones. Seleccione la pestaña etiquetada Diseño y formato y asegúrese de que las opciones para el ancho de columna y el formato de celda estén seleccionadas.

Capítulo 7: Modelos de datos

Un modelo de datos es un medio útil para aprovechar al máximo los datos existentes de formas nuevas y útiles. También son excelentes para proporcionar datos relacionales que luego se pueden exportar a otros libros de trabajo, lo que garantiza resultados de datos tabulares claramente transparentes, que luego se pueden usar para informes como Power View, gráficos y tablas dinámicas. Tenga en cuenta que cada libro solo puede usar un modelo de datos a la vez, aunque varias hojas de cálculo pueden usar el mismo modelo de datos. Puede ubicar el modelo de datos del libro de trabajo en la opción Obtener datos externos, que se encuentra adjunto en el menú de tablas dinámicas, que se puede encontrar dentro de las opciones para Tablas.

El uso de Excel con estos modelos solo generará de forma nativa la tabla estándar completa con su propia lista de campos. Para aprovechar al máximo este tipo de modelos, deberá conectarse y descargar el complemento de Microsoft Office Power Pivot para su versión de Excel. Este complemento se puede encontrar en Support.Office.com. Una vez allí, simplemente debe buscar la versión del producto que necesita y luego seguir las instrucciones en la pantalla para descargarlo.

Los datos de Power Pivot se almacenan en su propia base de datos que le permite acceder al motor de búsqueda interno para realizar consultas y actualizaciones a fin de garantizar que se carguen lo más rápido posible. Estos datos luego se distribuyen entre tablas dinámicas, gráficos dinámicos y Power View. Estos datos también se pueden compartir de forma remota a través del servidor de SharePoint.

Una vez que haya descargado el complemento, aún tendrá que activarlo para asegurarse de que Excel lo registre como un sistema en funcionamiento. Para habilitarlo, debe seguir estas instrucciones:

- Elija la opción Archivo, luego Opciones y la opción para Complementos.

- Elija la opción para Administrar, luego COM, luego los complementos y Ir.
- Desde allí, deberá elegir la casilla con la etiqueta de Microsoft Office Power Pivot y seleccionar la casilla marcada como OK.
- Suponiendo que hizo todo bien, ahora verá una nueva pestaña en la cinta de opciones con el nombre de Power Pivot.

Importar datos relacionales

Si elige importar datos relacionales, Excel creará automáticamente un modelo de datos una vez que se hayan seleccionado varias tablas, pero solo si hace lo siguiente:

- Elija la opción de Datos y luego la opción para Obtener Datos Externos. Esto le dará la opción de elegir una fuente externa que contenga las tablas con las que desea trabajar.

- La ventana resultante le dará la opción de elegir la tabla que desea seleccionar. Como desea seleccionar varias tablas, haga clic en el cuadro que le permite seleccionar varias tablas y luego seleccione sus tablas.

- Elija la opción que tenga sentido para la forma en que se visualizarán sus datos y seleccione la opción para confirmar. Esto generará el modelo de datos que solicitó, aunque aún puede manipularlo más tarde. Este modelo se actualizará automáticamente a medida que manipule la hoja de cálculo. Si después cambia el nombre de este modelo, deberá volver a sincronizar todo repitiendo los pasos anteriores.

Mantener el modelo de datos en un estado fijo

Como cada modelo de datos está vinculado a una tabla dinámica específica, cambiar uno afectará al otro. Puede cambiar este hecho desde cualquier hoja de cálculo que use el modelo de datos, aunque será necesario cambiarlo para cada página que utilice el modelo.

- Seleccione la hoja de cálculo que desea modificar antes de elegir la opción para Power Pivot y luego el menú de opciones de Power Pivot.

- En la parte inferior de esta fila de pestañas, encontrará la lista de las tablas que se están utilizando actualmente y a qué están vinculadas. Las tablas vinculadas tendrán un icono junto a sus nombres.

- Elija la opción Tabla vinculada, seguido del Modo de actualización y luego elija la opción Manual. Si desea actualizar el modo de datos mientras está en manual, busque la opción Actualizar que se puede encontrar en el menú Tablas vinculadas.

Agregar un nuevo modelo de datos

Una vez que haya creado un modelo de datos, también es posible agregarle datos dispares; esto es más efectivo si se nombran los datos con los que está trabajando.

- Para comenzar, deberá elegir los datos que desea agregar al modelo, o si los datos ya están en un rango con nombre, solo tendrá que seleccionar cualquier celda que ya sea parte del rango.
- A continuación, deberá seleccionar la pestaña Power Pivot de la cinta y luego elegir la opción para agregar un modelo de datos adicional.
- Desde allí, tendrá que seleccionar la pestaña Insertar y la opción de Tabla dinámica. Es importante asegurarse de que el cuadro de diálogo para agregar datos al modelo existente se haya marcado.

- Cualquier información adicional que agregue ahora debe conectarse al modelo como su propia tabla vinculada.

Refinar un modelo de datos

En el escenario estándar de la hoja de cálculo, los modelos de datos se presentan normalmente como tablas dinámicas para facilitar el análisis a las personas. Si, en cambio, desea interactuar con el modelo de datos de manera más directa, como eliminar campos o tablas específicas, ver todos los datos asociados con el modelo, agregar lógica empresarial, KPI o jerarquías, encontrará algo para usar el complemento de Power Pivot. Los tipos adicionales de optimización del modelo de datos incluyen decidir sobre una lista de campos y cómo se rellena. Para utilizar Power Pivot:

- Elija la pestaña Power Pivot y luego la opción Administrar.
- En la nueva ventana, busque la optimización que desea aplicar al modelo de datos elegido.
- Ciertos tipos de visualizaciones solo funcionarán con ciertos tipos de datos.

El uso de Power Pivot para recopilar datos

Una vez que se haya acostumbrado a la interfaz, descubrirá que el uso de Power Pivot facilita mucho la determinación de datos relacionales en comparación con los métodos más tradicionales. Los beneficios de importar datos de esta manera también incluyen la capacidad de eliminar fácilmente los datos que no se relacionan activamente con el modelo en cuestión. También podrá cambiar el nombre de las cosas que importe o si en cambio usa términos predeterminados para encontrar los datos que le interesa importar. Esto también le ahorrará un buen tiempo a la hora de crear nuevas relaciones, ya que cada tabla que se agregue a Power Pivot automáticamente tendrá todas sus relaciones relevantes etiquetadas para su uso futuro.

• Para comenzar, deberá elegir la pestaña Power Pivot y luego la opción de Inicio. Luego, elegirá Obtener datos externos y luego la opción para Desde la base de datos, asumiendo que los datos que está buscando son tanto relacionales como dimensionales.

• Luego se pueden encontrar fuentes adicionales mediante el uso de la opción Sugerir datos relacionados, que se puede encontrar en la opción Servicio de datos, que se encuentra en la pestaña de Inicio de Power Pivot.

• Los datos que se seleccionan de esta manera se pueden importar directamente o filtrar en una variedad de vistas, tablas o listas diferentes de lo que se puede importar.

• Los datos que se utilizan para este modelo se pueden actualizar desde la pestaña Power Pivot seleccionando la opción de Datos, seguido de Conexiones y luego Actualizar todo. Su actualización buscará los datos originales y los reimportará nuevamente. Si esos datos no están disponibles, las conexiones requeridas desaparecerán, así que use esta opción con cuidado.

• Se pueden importar datos de prácticamente cualquier fuente que pueda imaginar. El único tipo de archivo que se exceptúa es la opción de publicar documentos del servidor.

Al usar este método, es importante tener en cuenta que las opciones de OLE DB casi siempre funcionarán más rápidamente cuando se trata de escalar grandes cantidades de datos. Siempre busque las opciones de OLE DB cuando estén disponibles.

Problemas a tener en cuenta

Si descubre que su pestaña de Power Pivot deja de funcionar correctamente cuando abre Excel, esto podría deberse a que algo salió mal y Excel siente que el complemento está haciendo que el programa se vuelva inestable. Esto suele ocurrir si el programa se bloquea mientras la ventana de Power Pivot está activa. Para poder restaurar la pestaña que falta haga lo siguiente:

• Comience seleccionando la pestaña Archivo, luego Opciones y luego Complementos.

- A continuación, querrá seleccionar la casilla etiquetada Administrar y luego la opción Desactivar elementos.

- Desde allí, querrá seleccionar Ir, luego busque la opción Power Pivot de Microsoft Office y seleccione Habilitar.

- Si el problema persiste, deberá cerrar Excel completamente.

- Con eso hecho, vaya al menú de inicio y seleccione la opción Ejecutar antes de escribir "regedit" en el cuadro que aparece y presione ENTRAR.

- Esto abrirá el editor de registro, y dentro de él, deberá buscar la clave de registro que se relaciona con la Configuración de usuario para su versión de Excel.

- Específicamente, deberá seleccionar la lista de PowerPivotExcelAddin, luego haga clic derecho en la línea ítem antes de elegir la opción Eliminar.

- Desde allí puede volver al inicio del Editor del Registro y elegir la opción para Excel Addons.

- Busque PowerPivotExcelClientAddIn.NativeEntry.1 y haga clic con el botón derecho para eliminarlo.

- Cierre el editor y vuelva a abrir el programa de hoja de cálculo antes de seguir las instrucciones originales para habilitar Power Pivot.

Capítulo 8: Power View

Si ya ha estado utilizando tablas dinámicas para crear modelos de datos y Power Pivot para manipular los modelos de datos, Power View completará el rompecabezas y le brindará una mejor funcionalidad en el espacio de Excel. Puede utilizarse como un medio para presentar y visualizar modelos de datos en informes hasta un grado que ninguna otra característica de Excel puede igualar. Power View tiene la capacidad de tomar cualquier tipo de datos y usarlos para crear gráficos de burbujas, gráficos circulares, gráficos de barras y más. Incluso puede desglosar tablas y matrices complejas en sus gráficos de componentes. Power View solo está disponible para versiones de Excel a partir de 2013 o más recientes. También está disponible como parte de Microsoft Power BI.

Al crear una hoja de Power View, todo lo que necesita hacer es ir a la pestaña Insertar y luego elegir la opción Power View. Si lo hace, debería detectar automáticamente el modelo de datos definido actualmente. Si su versión de Excel no tiene la función Power View habilitada de forma predeterminada, tendrá que seguir los siguientes pasos:

- Comience seleccionando Archivo, luego Opciones, luego Personalizar.
- Allí seleccione la opción para la pestaña Principal y luego seleccione la ubicación donde desea que se muestre Power View.

- Elija la opción para agregar comandos adicionales, seguido de los comandos que desea insertar en Power View.

- Elija las opciones para agregar y luego elija dónde desea ubicar la opción Power View antes de nombrar el nuevo grupo.

- Una vez que confirme sus elecciones, deberá activar el complemento para Power View. Para hacerlo, simplemente deberá hacer clic en la opción Power View para crearla antes de elegir la opción para habilitar cuando deba seleccionarla.

Creación de una hoja de Power View

- Crear una hoja de Power View después de haber activado la opción de Power View en la cinta es tan fácil como hacer clic en el botón de la cinta.

- Esto le proporcionará una lista de opciones con respecto a las tablas que se pueden visualizar. La selección de una tabla le proporcionará una lista de opciones que Power View ha determinado y le proporcionará el mensaje de los datos con mayor claridad.

- La pestaña Diseño puede usarse para alterar la visualización actual.

Filtrar datos de Power View

Power View también puede filtrar los datos en función de los metadatos que se proporcionan a partir del modelo de datos como una línea de base para facilitar la comprensión de las relaciones en uso dentro del modelo de datos. Se puede acceder a las opciones de filtro desde el panel Filtro y proporcionará opciones adicionales relacionadas con el filtro cruzado y las cortadoras, además de los filtros estándar. Aquí también es donde estará disponible la opción de resaltar partes específicas de los datos. Estas opciones se pueden aplicar a la suma total de la hoja de Power View actual, además de segmentos específicos de los datos.

También puede aplicar estos filtros en tiempo real simplemente seleccionando ciertas partes de los datos que luego se presentan. Para filtrar los datos, deberá hacer clic en ellos para ver qué sucede. Por ejemplo, elegir una columna específica puede filtrar automáticamente la visualización para mostrar todas las variaciones en ese tipo específico de datos o resaltar para un énfasis adicional. Presionar la tecla CTRL y luego hacer clic en un valor también le permitirá hacer clic en varios valores a la vez. Al hacer clic en un filtro en lugar de un valor, se restablecerá la pantalla actual.

Power View y Power Pivot

Si desea utilizar Power View con el modelo de datos, tendrá que hacer algunas cosas para asegurarse de que el cambio de una a otra sea un proceso sin complicaciones.

- Para comenzar, querrá asegurarse de tener el tipo de agregación adecuado. El programa de la hoja de cálculo se establece de forma predeterminada en Suma, por lo tanto, para cambiarlo, deseará abrir la pestaña de Power Pivot y luego elegir la opción Administrar. A continuación, deberá elegir las tablas que desea cambiar antes de colocar el cursor en la columna de su elección para acceder a la pestaña Avanzado. Luego, puede elegir el nivel de agregación adecuado para usted en el menú de opciones que aparece.

- Asegúrese de que siempre haya elegido los títulos, las imágenes y los identificadores correctos para todas las tablas de su modelo de datos antes de comenzar.

Power view predeterminado

Para conocer el campo predeterminado para todas las hojas creadas con Power View, deberá activar esta función. Permitirá que ciertos campos se agreguen automáticamente a las hojas de Power View según sea necesario, simplemente seleccionando una tabla predefinida.

- Para comenzar, querrá abrir el libro de trabajo que contiene el modelo de datos que desea usar. A continuación, deseará seleccionar la pestaña apropiada de Power Pivot antes de seleccionar la opción Propiedades.

- Seleccione la tabla a la que desea agregar una lista predeterminada.

- Elija la opción Avanzada, luego el Conjunto de campos predeterminado.

- Elija los Campos de la tabla que desea agregar automáticamente y luego elija la opción Agregar.

- Estos campos se agregarán al modelo en orden y se pueden reorganizar más adelante desde esta pantalla.

- Sabrá que ha hecho todo correctamente cuando haga clic en la tabla de Power View y luego vea los detalles que necesita del relleno automático.

Capítulo 9: Conceptos básicos de VBA

Si bien hay mucho que puede hacer con Excel simplemente mediante el uso de fórmulas, siempre habrá tareas que implican ordenar o mover datos que no se pueden lograr fácilmente solo con este conocimiento. En estos casos, a menudo será más fácil simplemente armar un programa sencillo que complete la tarea por usted. Este programa a menudo se conoce como una macro, y Excel ofrece un medio fácil de usar para crear el suyo propio a través de un lenguaje de programación al que puede acceder, independientemente de la versión de Excel que usted esté ejecutando, conocida como Visual Basic para aplicaciones (VBA).

El lenguaje funciona con Visual Basic 6, un lenguaje de programación que fue extremadamente popular durante un tiempo antes de que Microsoft creara los lenguajes .NET. Actualmente, VBA es el último bastión de Basic que la mayoría de la gente va a encontrar. Aún mejor, una vez que usted aprenda a usarlo, podrá automatizar fácilmente una amplia variedad de funciones diferentes. El lenguaje se hace más difícil cuando las cosas se complican demasiado, pero mientras no espere demasiado, se ahorrará una gran cantidad de tiempo a largo plazo. Además, también se encuentra una variación del lenguaje en otros productos de Microsoft Office, y podrá adaptar lo que aprenda aquí con un pequeño esfuerzo adicional.

También es importante tener en cuenta que, si está utilizando una versión más reciente de Excel, es posible que tenga más dificultades para acceder a las funciones de VBA, ya que en su mayoría se han eliminado para evitar que intimiden a los usuarios más nuevos. Esto significa que, para comenzar, necesitará activar la barra de herramientas de desarrollador a Excel. Esta barra de herramientas contiene todos los botones que necesitará para ser un programador de VBA exitoso. Para agregar esta barra de herramientas, siga los pasos a continuación:

Cómo mostrar la pestaña "Desarrollador":

1- Ejecute Microsoft Office Excel.
2- Haga clic en la pestaña "Archivo", la primera pestaña que aparece actualmente en su barra de herramientas.
3- Ahora haga clic en "Opciones". En Excel 2016, el botón "Opciones" aparece en la parte inferior de la lista.

4- Después de hacer clic en esta pestaña, se abrirá un cuadro de diálogo que contiene mucha información. En este momento, mantenga su atención centrada en la columna de la izquierda que contiene otra lista de pestañas. Encuentre la pestaña que dice "Personalizar cinta". Haga clic en esa pestaña.

5- Después de hacer clic en esta pestaña, el cuadro de diálogo cambiará para mostrarle dos columnas. El de la izquierda dice "Elegir comandos de" y contiene un menú con todos los comandos populares. La columna de la derecha dice "Personalizar la cinta de opciones" y muestra un menú que enumera todas las pestañas actuales en su barra de herramientas. En este menú, busque el cuadro junto a "Desarrollador"; está cerca de la parte inferior del menú y la casilla de verificación.

6- Cierre cuadro de diálogo.

7- Mire su barra de herramientas actual. Debe contener la pestaña "Desarrollador" cerca del final. Con esta pestaña instalada, ¡ya usted está listo para comenzar la programación de VBA!

Otra tarea que quizás desee realizar antes de comenzar las lecciones que se encuentran aquí es eliminar la advertencia de seguridad. Esto le permitirá ejecutar aplicaciones personalizadas sin tener que pasar por el tedioso proceso de aceptar cada aplicación una por una. Con la advertencia de seguridad desactivada, podrá ejecutar todas las aplicaciones que desee sin que aparezca ninguna advertencia. Si no está utilizando una computadora personal para ejecutar estas aplicaciones, es posible que desee mantener la advertencia de seguridad activada. La advertencia de seguridad también puede ser útil si desea tener la oportunidad de volver a verificar la aplicación antes de que se ejecute cada vez. Depende de usted elegir. Sin embargo, si desea desactivar la advertencia de seguridad, siga los pasos a continuación:

Cómo deshabilitar las advertencias de seguridad:

1- Haga clic en el botón "Seguridad de macros" en la pestaña "Desarrollador". Podrá verlo en la imagen anterior. Tiene el icono de un triángulo amarillo con un signo de exclamación dentro.

2- Una vez que haga clic en este botón, aparecerá un cuadro de diálogo llamado "Confianza" que se abrirá automáticamente en "Configuración de macros".

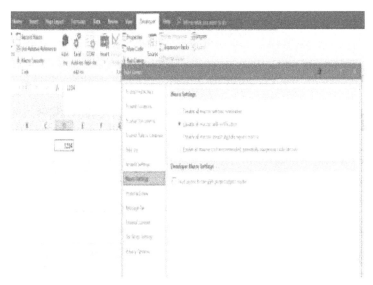

3- En la parte principal del cuadro de diálogo, verá un menú que tiene dos partes: "Configuración de macros" y "Configuración de macros del desarrollador". Concentre su atención en la parte que dice "Configuración de macros de desarrollador".

4- Bajo este encabezado, verá un cuadro con las palabras "Confíe en el acceso al modelo de objeto del proyecto VBA". Al hacer clic en este cuadro, permitirá que cualquier aplicación que cree a través del programador VBA se ejecute automáticamente sin una advertencia de seguridad. Haga clic en este cuadro si desea desactivar las advertencias de seguridad.

Ahora que ya sabe dónde se encuentra la pestaña "Desarrollador" y ha decidido cómo desea manejar las advertencias de seguridad, ¡es hora de comenzar a programar!

Variables de programación VBA

Ahora que ya conoce lo básico, está listo para probar suerte en la programación. Vamos a empezar definiendo algunas variables. Luego, configuraremos un programa que pueda sumar, restar, multiplicar y dividir estas variables.

Al configurar una variable, hay algunas opciones para elegir:

Entero: si está trabajando con números enteros, lo más probable es que use este tipo de variable. Sin embargo, esta variable solo puede almacenar números de -32,768 a +32,767. Si necesita trabajar con un número mayor, use el tipo de variable Largo.

Largo: esta variable también indica números enteros, pero aquellos que están fuera del rango de la variable Entera.

Cadena: si está trabajando con texto u otros caracteres que no son números, usará esta variable.

Individual: use este tipo de variable si está trabajando con fracciones o decimales. Guardará hasta 4 bytes de datos.

Doble: como la variable individual, esta variable también funciona con fracciones o decimales. Sin embargo, puede almacenar hasta 8 bytes de datos, por lo que puede usarse con más precisión.

Para comenzar a configurar una variable, deberá abrir el Editor de Visual Basic. Para abrir esto, haga clic en el botón "Visual Basic" en la pestaña "Desarrollador". En Excel 2016, el botón "Visual Basic" es el primer botón a la izquierda. Al hacer clic en este botón se abrirá una nueva ventana.

Esta es la ventana en la que escribirá toda la programación. Empecemos por configurar una variable simple.

Cómo configurar una variable:

1- Comience escribiendo "Sub" y luego escriba "EjemplodeVariable". Este es el título que vamos a dar a este conjunto de instrucciones.

2- Presionar la tecla "Entrar". Esto establecerá automáticamente el "Sub" y "End Sub" para su primer programa.

3- Luego escriba "Dim", espacio, "PrimerNúmero", "As Integer". Esto configura el nombre de su variable como "PrimerNúmero" y define su valor como un entero.

4- Presione entrar y escriba "PrimerNúmero = 10". Ahora hemos definido el valor de esta variable como "10".

5- Ahora que hemos configurado el valor de la variable, definamos el rango de la variable. Presione entrar nuevamente y escriba una nueva línea. Primero, desea definir qué hoja de cálculo desea que aparezca su variable. Vamos a seleccionar la hoja de cálculo 1. Escriba "hojas de cálculo (1)". Asegúrese de que las "hojas de cálculo" estén en plural en su código. Si no, recibirá un mensaje de error.

6- En esta misma línea de código, ahora vamos a definir en qué celda queremos que aparezca la variable. Vamos a seleccionar la celda A1. Escriba "Rango (" A1 ")". Esto indica que su variable aparecerá en la celda A1.

7- Ahora, queremos indicar qué variable aparecerá aquí. En la misma línea de código, escriba "Valor = PrimerNúmero"; toda su línea de código debe tener este aspecto: hojas de cálculo (1). Rango ("A1"). Valor = PrimerNúmero.

8- Ahora que hemos configurado el programa y que el código se ve de cierta manera, estamos listos para ejecutarlo. En el menú principal del Editor de Visual Basic, hay una pestaña que dice "Ejecutar". Puedes ver esta pestaña en la primera imagen del capítulo. Haga clic en esta pestaña y luego haga clic en la primera opción en el menú desplegable, "Ejecutar formulario de usuario / sub". O puede hacer clic en el triángulo pequeño, verde y lateral. Eso también ejecutará la aplicación.

9- Vuelva a la hoja de Excel presionando el icono de Excel, el primer botón en la barra de herramientas del Editor de Visual Basic. Debe observar que el número 10 ha aparecido en la celda A1.

¡Felicidades! ¡Acaba de ejecutar su primer programa personalizado! Ahora, hagámoslo un poco más complicado creando un programa que pueda sumar, restar, multiplicar o dividir números para nosotros.

Cómo configurar un programa que ejecuta funciones matemáticas:

1- Abra el Editor de Visual Basic y cree un nuevo código. Puede seguir escribiendo el código en la misma ventana. Después de "End Sub", comience a escribir "Sub" y agregue "Suma" para su nombre.

2- Debido a que vamos a ejecutar funciones matemáticas, necesitaremos más de una variable. Vamos a comenzar definiendo el valor de cada variable. Primer tipo "Dim PrimerNúmero As Integer". Presione entrar y repita este proceso para otra variable llamada SegundoNúmero.

3- Luego, defina el valor numérico de ambas variables. En el código de ejemplo, elija definir PrimerNúmero como 10 y SegundoNúmero como 25. Puede elegir cualquier valor entero que desee. Hasta ahora, su código debería verse así:

Sub Suma ()

Dim PrimerNúmero As Integer

Dim SegundoNúmero As Integer

PrimerNúmero = 10

SegundoNúmero = 25

4- Ahora que hemos configurado los valores de cada variable, estamos listos para escribir el programa que suma estas variables. También vamos a escribir un código para que una de las celdas contenga la palabra "Respuestas" y otra celda contenga la respuesta a 10 + 25.

5- En una nueva línea, escriba "hojas de cálculo (1). Rango (" A1 "). Valor =" Respuesta". Esto permitirá que la palabra "Respuesta" aparezca en la celda A1.

6- Presione entrar y escriba una nueva línea de texto. Debe leer las hojas de cálculo (1). Rango ("B1"). Valor = PrimerNúmero + SegundoNúmero.

7- Ahora que hemos creado el programa, estamos listos para ejecutarlo. Haga clic en la flecha verde o en la pestaña "Ejecutar".

8- Regrese a su hoja de cálculo de Excel. Debería ver la palabra "Respuesta" en la celda A1 y el número 35 en la celda B1.

¡Felicidades! Acaba de ejecutar un programa que realiza una función matemática simple. Puede modificar fácilmente este código para realizar otras funciones matemáticas, como la resta, la multiplicación o la división. Por ejemplo, a continuación, se muestra un programa similar al que acabamos de escribir donde se multiplica en lugar de sumar:

Sub Multiplicación()

Dim PrimerNúmero As Integer

Dim SegundoNúmero As Integer

PrimerNúmero =10

SegundoNúmero =25

hojas de cálculo (1). Rango ("A1"). Valor = "Respuesta"

hojas de cálculo (1). Rango ("B1"). Valor = PrimerNúmero * SegundoNúmero

Reconozca que, según la función matemática que desee ejecutar, utilizará un símbolo diferente. La suma requiere el signo más (+), la resta usa el signo menos (-), la multiplicación usa el asterisco (*) y la división requiere la barra (/).

Practique escribir algunos programas diferentes que realizan diferentes funciones matemáticas. Una vez que haya dominado los códigos necesarios para crear estos programas, estará listo para pasar al siguiente nivel.

Conclusión

Ha llegado hasta el final de *Excel para principiantes: Aprenda a usar Excel 2016, incluyendo una introducción a fórmulas, funciones, gráficos, tablas, macros, modelado, tablas dinámicas, paneles, informes, estadísticas, Excel Power Query y más.* Este libro debería haber sido informativo y haberle proporcionado todas las herramientas necesarias para lograr sus objetivos, sean cuales sean. El hecho de que haya llegado al final de este libro no significa que no haya nada más que aprender sobre el tema. Expandir sus horizontes es la única forma de encontrar el dominio que busca.

Ahora es el momento de dejar de leer y aprender y poner en acción las cosas que ha aprendido. Si bien algo de lo que ha leído se traducirá fácilmente en acción, es importante tener en cuenta que es posible que deba intentar algunas cosas varias veces para hacerlo bien. Si este es el caso, entonces es importante no frustrarse y rendirse. En su lugar, recuerde que usar Excel es una habilidad, lo que significa que llevará cierto tiempo dominarlo realmente. Sin embargo, si se mantiene al tanto, verá que su habilidad mejorará cada vez más hasta que, antes de darse cuenta, estará utilizando Excel como un verdadero experto.